马克思主义简明读本

什么是社会主义？

丛书主编：韩喜平

本书著者：胡家溪　王彦婧

编　委　会：韩喜平　邵彦敏　吴宏政
　　　　　　王为全　罗克全　张中国
　　　　　　王　颖　石　英　里光年

吉林出版集团股份有限公司

图书在版编目（ＣＩＰ）数据

什么是社会主义？ / 胡家溪, 王彦婧著. -- 长春 :吉林出版集团股份有限公司, 2012.12（2019.2重印）
（马克思主义简明读本）

ISBN 978-7-5463-9628-6

Ⅰ.①什… Ⅱ.①胡… ②王… Ⅲ.①社会主义—青年读物②社会主义—少年读物 Ⅳ.①D091.6-49

中国版本图书馆CIP数据核字(2012)第291600号

什么是社会主义？

SHENME SHI SHEHUI ZHUYI?

丛书主编:	韩喜平	
本书著者:	胡家溪	王彦婧
项目策划:	范中华	徐树武
责任编辑:	宫志伟	
出　版:	吉林出版集团股份有限公司	
发　行:	吉林出版集团社科图书有限公司	
电　话:	0431-86012746	
印　刷:	北京一鑫印务有限责任公司	
开　本:	710mm×960mm 1/16	
字　数:	100千字	
印　张:	12	
版　次:	2012年12月第1版	
印　次:	2019年2月第3次印刷	
书　号:	ISBN 978-7-5463-9628-6	
定　价:	29.70元	

如发现印装质量问题，影响阅读，请与出版方联系调换。0431-86012746

序　言

习近平总书记指出，青年最富有朝气、最富有梦想，青年兴则国家兴，青年强则国家强。青年是民族的未来，"中国梦"是我们的，更是青年一代的，实现中华民族伟大复兴的"中国梦"需要依靠广大青年的不断努力。

要提高青年人的理论素养。理论是科学化、系统化、观念化的复杂知识体系，也是认识问题、分析问题、解决问题的思想方法和工作方法。青年正处于世界观、方法论形成的关键时期，特别是在知识爆炸、文化快餐消费盛行的今天，如果能够静下心来学习一点理论知识，对于提高他们分析问题、辨别是非的能力有着很大的帮助。

要提高青年人的政治理论素养。青年是祖国的未来，是社会主义的建设者和接班人。党的十八大报告指出，回首近代以来中国波澜壮阔的历史，展望中华民族充满希望的未来，我们得出一个坚定的结论——实现中华民族伟大复兴，必须坚定不移地走中国特色社会主义道路。要建立青年人对中国特色社会主义的道路自信、理论自信、制度自信，就必须要对他们进行马克思主义理论教育，特别是中国特色社会主义理论体系教育。

要提高青年人的创新能力。创新是推动民族进步和社会发展的不竭动力，培养青年人的创新能力是全社会的重要职责。但创新从来都是继承与发展的统一，它需要知识的积淀，需要理论素养的提升。马克思主义理论是人类社会最为重大的理论创新，系统地学习马克思主义理论有助于青年人创新能力的提升。

要培养青年人的远大志向。"一个民族只有拥有那些关注天空的人，这个民族才有希望。如果一个民族只是关心眼下脚下的事情，这个民族是没有未来的。"马克思主义是关注人类自由与解放的理论，是胸怀世界、关注人类的理论，青年人志存高远，奋发有为，应该学会用马克思主义理论武装自己，胸怀世界，关注人类。

正是基于以上几点考虑，我们编写了这套《马克思主义简明读本》系列丛书，以便更全面地展示马克思主义理论基础知识。希望青年朋友们通过学习，能够切实收到成效。

韩喜平

2013年8月

目　录

第一章　社会主义的概念起源与历史进程 / 001

第一节　社会主义的概念起源 / 001

第二节　社会主义从空想到科学的发展 / 004

第三节　社会主义从理论到实践的飞跃 / 012

第四节　社会主义由一国到多国的实践 / 021

第二章　二十世纪西方其他流派的社会主义 / 025

第一节　民主社会主义 / 026

第二节　生态社会主义 / 030

第三节　市场社会主义 / 034

第三章　社会主义在实践中发展和完善 / 040

第一节　社会主义基本特征在实践中发展 / 040

第二节　经济文化相对落后的国家建设社会主义是长期艰巨的过程 / 047

第三节　社会主义在实践中的发展是曲折多样的 / 052

第四章　社会主义事业永恒的旗帜
　　　　——马克思主义政党 / 062

第一节　马克思主义政党的属性特征 / 062

第二节　马克思主义政党的社会主义历史地位 / 074

第五章　中国特色社会主义理论的发展 / 078

第一节　科学社会主义在中国的传播 / 078

第二节　中国特色社会主义理论的形成和发展过程 / 086

第六章　中国特色社会主义理论体系的主要内容 / 093

第一节　中国特色社会主义道路的科学内涵和形成条件 / 093

第二节　什么是中国特色社会主义理论体系 / 094

第三节　中国特色社会主义理论体系的主要内容 / 113

知识链接 / 122

第一章

社会主义的概念起源与历史进程

社会主义经历了漫长而曲折的发展过程，包括社会主义从空想到科学、从理论到实践的两次历史性飞跃，也包括社会主义从一国到多国的实践与发展，改革与创新，胜利与失败。在社会主义曲折向前的历史进程中既有辉煌的成就，也有严重的挫折；既积累了宝贵的历史经验，又留下了深刻的历史教训。学习了解社会主义的发展历程，总结社会主义发展过程中的经验与教训，对于更清晰地把握社会主义发展规律，更深刻地理解社会主义理论内涵，具有重要的意义。

第一节 社会主义的概念起源

社会主义的思想发端于经济社会学，它主张将整个社会作为一个整体，由社会拥有和控制产品、资本、土地、资产等，其管理和分配基于公众利益。"社会主义（socialism）"一词来源于拉丁文，是由socialis（同伴的、同伙的）与socius（喜欢社交的）二词演化而来，本意为社会的、共同的、集体的生活等。

"社会主义"一词最初出现在1832年2月13日发行的圣西门派的刊物《地球》上。圣西门的一个门徒乔西安尔，在一篇论文中第一次使用了"社会主义"(Socialisme)这个法文新词汇。1833年在欧文派的刊物《贫民卫报》上也使用了英文"社会主义"(Socialism)一词。1834年圣西门派的著名活动家比埃尔·勒鲁发表了《论个人主义与社会主义》一文，他按照圣西门的学说，首次比较充分地阐明了社会主义的概念，从而使社会主义一词以空想的理论形式在法国广泛运用，这是法国的空想社会主义在概念上的明确表述。

从"社会主义"一词的起源来看，它是用以解决资本主义私有制内部不可调和的矛盾，是一种高于资本主义制度的公有制的社会制度。"社会主义"一词的出现，是要改变资本主义私有制，主张公有制，他们曾经把"公有主义者"和"社会主义者"并列使用。社会主义应该造福于人民大众，不是为少数人谋私利。因此，从人类社会和社会主义思潮的发展趋势以及人们的客观要求来看，与资本主义根本对立的社会主义思想体系只有一个，这就是科学社会主义。只有科学社会主义才能代表绝大多数人的根本利益，才反映出了社会发展的客观规律，它既同各种社会主义流派有本质的区别，又是社会主义思潮的科学发展。

马克思和恩格斯在1842年—1844年世界观转变期间，批判地继承了空想社会主义和其他人类优秀文化遗产，把社会主义由空想变成了科学。马克思在1842年10月15日写的《共产主义和奥格斯堡〈总汇报〉》一文中，恩格斯在1843年写的《大陆上社会改革运动的进展》一文中，分别首次使用了"社会主义"一词，并赋予了社会主义以科学的含义。在此之后，"社会主义"作为一种社会思潮，通常是指科学社会主义，是关于无产阶级解放条件的学说，即关于消灭一切阶级实现共产主义的一般规律的科学。

"社会主义"一词何时传入中国，传统的观点认为是二十世纪初，通过日本介绍来的。西学东渐以后，1870年日本学者加藤弘之翻译了一本德文的《真正政府的原理》，用日文片假名音译了西方"社会主义"一词。戊戌变法后，我国许多进步人士，包括改良派和革命派，开始接触社会主义思想，并把它引进到国内。中国的《西洋杂志》于1878年把"社会主义"一词音译为"索昔阿利司"，《万国公报》于1899年将其意译为"安民新学"、"养民学"，康有为、梁启超从1901年至1902年将其意译为"人群之说"、"人群主义"。梁启超从1902年9月25日出版的《新民丛报》第18期开始，把当时日本人通用的"社会主义"一词移植过来。从此，"社会主义"一词在中国书刊中逐步得到使用。

第二节　社会主义从空想到科学的发展

一、社会主义思想的萌芽——空想社会主义

（一）十六、十七世纪的空想社会主义

在社会主义思想史中，马克思主义产生之前的社会主义被称为空想社会主义。其"空想"之名，来自于最早的社会主义思想文献托马斯·莫尔的《乌托邦》。"乌托邦"一词出自希腊文，意为"子虚乌有"的地方，因而早期的社会主义也被称为"乌托邦的社会主义"。十六、十七世纪空想社会主义的主要特点是：对未来的理想社会制度只是一种文学描述；提出社会主义（或共产主义）的基本原则，如公有制、人人劳动、按需分配等，但还是一个粗糙而简单的轮廓；在设计未来理想社会方案时以手工工场为原型。在早期的社会主义思想中，托马斯·莫尔的《乌托邦》、康帕内拉的《太阳城》、约翰·凡·安德里亚的《基督城》是早期空想社会主义的"三颗明珠"。这三本著作所反映的社会主义思想也成为后来空想社会主义思想体系的雏形。

1516年，在社会主义思想史上具有重要意义的文献《乌托邦》应运而生。托马斯·莫尔也因此成为近代空想社会主义的奠基人。《乌托邦》以对话形式将理想国与现实社会进行比较，集

中反映了莫尔的政治思想。莫尔反对以剥削为特征的私有制，主张财产公有。财产公有，按需分配，其前提是物资非常充足，产品非常丰富。整个乌托邦就是一个共产主义大家庭，财产公有是乌托邦的最大特点。

莫尔在《乌托邦》里描述的是一个富足的公有制社会。但是从其经济状况来看，还保留了大量自然经济的特点，基本上反映了英国十六世纪的社会经济水平。时代的局限限制了他的认知水平，他没有认识到生产力的重要性，也没有清楚地认识到推动社会进步的力量，因而他的理想国也就变成了真正的"乌托邦"。

康帕内拉的《太阳城》在社会主义思想史上占有重要的地位，他在《太阳城》中提出的空想社会主义体系，对其后很多空想社会主义思想产生过影响。康帕内拉同莫尔一样对私有制深恶痛绝，主张彻底废除私有制，实行公有制。康帕内拉在《太阳城》中指出，太阳城的"公社制度使大家都成为富人，同时又都是穷人；他们都是富人，因为大家共同占有一切；他们都是穷人，因为每个人都没有任何私有财产；因此，不是他们为一切东西服务，而是一切东西为他们服务"。因此，康帕内拉认为太阳城的制度"是最符合天赋人权和人类本性的"。根据天赋人权，一切都是公有的。

康帕内拉设计的太阳城是一个充满文明、进步和幸福的理想国家，反映了文艺复兴时期广大下层民众对自由与和谐社会的向往。同样地，历史的局限性使这种美好理想在当时成为不可能实现的"乌托邦"。

约翰·凡·安德里亚的《基督城》则采取文学游记的体裁，描述一个海外仙岛上新型的生产资料公有制的社会制度。与《乌托邦》和《太阳城》的间接转述不同的是，《基督城》采取第一人称的写法，记述了作者的亲身经历和直接观察。

基督城实行公有制，生产资料均归公众所有，所有产品也都交到公共仓库。基督城的所有适龄人口都参加劳动，没有剥削者、懒汉和奴隶。全部生产都是手工生产，劳动有专业的分工，从事工业、农业、畜牧业者都有专门的技能。在产品的分配上，基督城也实行平均主义。在居住方面，由国家统一分配和指定个人使用，房屋样式统一，居住环境非常优美。在生老病死问题上，基督城带有明显的平等主义和集体主义色彩。基督城实行一夫一妻的小家庭制，不鼓励无节制的生育。在政权及政府设计上，基督城是集体领导的共和国，共和国由3个人联合执政，在3人之下，政府共有官员8个，每个官员还有1名下属作为助手。作为立法机关的议会由24人组成，他们都是全体公民中最卓越的人。

这一时期的空想社会主义思想，作为马克思科学社会主义思想的来源之一，体现了前辈先贤对人类理想社会的追求和人类获得普遍幸福的憧憬。

（二）十八世纪的空想社会主义

十八世纪法国空想家们明确地打出了"平等"的旗帜，以更为直截了当的理论形式提出了平等的要求。一方面，他们继承并发扬了十六、十七世纪的社会主义者关于平等的基本观念，另一方面，他们吸取了资产阶级思想理论中一些有用的东西，保留了资产阶级思想家提出的"自由、平等、博爱"的口号，并将这些思想融合到自己的思想理论体系中，将其内化为社会主义平等思想的要求之一。

这一时期法国空想家的平等思想最根本的特征，就是首先在理论上指出了私有制是人类不平等的根源，并对私有制下的不平等现象进行了猛烈的批判和深刻的揭露。空想社会主义者摩莱里和马布利探讨了人类社会的起源和变迁，认为原始社会没有贫富等级之分，人们都是平等的，原始社会是符合理性的社会，是人类的"黄金时代"。

十八世纪的空想社会主义者以马布利、巴贝夫为代表。马布利指出，自然界赋予人们同样的器官和需要，同时赋予了人们同样的权利。马布利深刻揭示了私有制与财产不平等、社会不平等之间的关系，认为私有制首先造成了经济上的不平等。而经济的不平等必然导致政治上的不平等和社会的退化，必然产生压迫者和被压迫者，从而使社会分裂为利益根本对立的阶级。在这里，马布利不仅在某种程度上感觉到了社会经济生活对政治权利的巨大制约作用，而且还认识到社会对立阶级的存在是私有制的结果。

巴贝夫则揭露了资产者和无产者之间在生活必需品的分配上存在着不平等现象，揭露了资产阶级所宣布的自由、平等原则的虚伪性。他认为，在刚刚建立的这个资产阶级共和国里，人民没有享受到真正的平等。对人民来说，只有在理想的平等共和国里，也就是说，只能在消灭私有制、消灭阶级的前提下，真正的平等才能实现。

十八世纪的空想社会主义者就平等的问题，提出了一些很有见地的观点。他们对私有制的批判和对理想社会的追求，反映了受压迫受剥削的城乡劳动人民对社会平等的要求，引发了更多的人对不平等社会现象的深刻思考，表达了人们改变不合理社会制度的强烈愿望，把人们的思路引入了一个正确轨道——只有打破私有制，建立公有制，才能实现真正的平等。他们不仅把早期空想社会主义者原始的、梦幻般的、零散的平等要求明确化、理论化和系统化，而且在此基础上提出了许多前所未有的新思想。

十八世纪空想社会主义者所要求的平等已经不再限于政治权利方面，而是扩大到社会地位，特别是经济领域方面。他们所要求的平等也不仅仅是消灭阶级特权，而且要消灭私有制，消灭阶级本身。可见，他们的平等观不仅大大发展了早期空想社会主义者的平等思想，而且也远远超过了同时代的资产阶级启蒙思想家的平等观，具有明显的进步性，构成了社会主义平等思想的一个重要阶梯。他们的平等观对十九世纪的空想社会主义者，甚至对马克思和恩格斯的平等思想都有很大影响。

（三）十九世纪初的空想社会主义

十九世纪初期的空想社会主义，是空想社会主义发展到顶峰的时期，其主要特点是：批判矛头直接对准资本主义制度；理论上提出了经济状况是政治制度的基础、私有制产生阶级和阶级剥削等观点，并用这种观点去分析历史和现状，从而预测到资本主义制度的剥削本质；在设计未来社会蓝图时以大工厂为原型，完全抛弃了平均主义和苦修苦炼的禁欲主义，使社会主义社会成为一种具有高度物质文明和精神文明的社会。这一时期的空想社会主义者以圣西门、傅立叶和欧文为代表。

十九世纪初期的空想社会主义对资本主义的批判是革命性的，它没有怀念什么过去的黄金时代，也不需要从旧社会体系中获得灵感，它的目标是超越资本主义。同时，它不再像先前几个世纪的早期乌托邦社会主义那样，徘徊于社会思想的主流之外，而是已经成为一种十分重要的社会思潮和社会现象。

十九世纪初期的空想社会主义有两个来源。一是社会历史根源。空想社会主义首先是从反对资本主义某些具体罪恶的反抗运动开始的，资产阶级革命并没有改变阶级压迫的事实，不过是用新的压迫代替了旧的压迫。当时资产阶级与工人阶级间的对立并不尖锐，资本主义社会制度所产生的冲突还只是处于开始阶段，因此，针对资本主义社会制度问题的解决思路，从一开始就注定要成为空想的，它愈是制定得详尽周密，就愈是要陷入纯粹的幻想。二是思想来源。启蒙运动以全人类名义进行的自由、平等、公正、进步、理性的教化，产生了思想解放的巨大作用。启蒙运动所建立的对人类社会的批判态度，成为人类思想的永恒特征。人们开始用理性的目光观察按照启蒙原则建立起来的资产阶级国家和经济制度，结果发现它也是不合乎理性的、不正义的。空想社会主义致力于一种真正的理性和永恒正义的王国，它从这种基于理性与自由主义哲学的运动中获得力量的源泉，在某种程度上又超越了自由主义：关注的焦点不是个人，不是自由本身，而是整个社会的组织，特别是改革社会经济的现状；平等的要求已经不再限于政治权利方面，它也扩大到个人的社会地位方面；必须加以消灭的不仅是阶级特权，而且是阶级差别本身；致力于建立的是一个基于合作而非基于竞争和冲突的社会新秩序，以解决各种社会问题；强调建立新型的产品分配制度。这些思想在三位伟大的空想社会主义者的著作中得到了系统的阐述：

十九世纪初期的空想社会主义对社会科学的贡献是多方面的。它向思想家们提出了新问题，激发了社会学的想象力，并留下大量关于早期资本主义社会情况的文献，特别是与在工业革命背景下工人阶级处境有关的材料；通过详尽讨论现代社会中的阶级分化与冲突，他们第一次将社会问题系统化；他们对诸如联合体、共同体等概念作了深入的分析，这些概念成为十九世纪社会思想的重要概念。十九世纪初期的空想社会主义者的著作有助于研究者将其兴趣由政治法律问题转向社会经济问题，同时，他们描绘了一幅无阶级的社会主义、共产主义社会的图景，成为科学社会主义的直接思想来源。

二、空想社会主义的局限性及科学社会主义的诞生

（一）空想社会主义为什么具有局限性

十九世纪初期以圣西门、傅立叶、欧文为代表的空想社会主义是科学社会主义的直接思想来源。马克思和恩格斯都高度肯定空想社会主义对世界社会主义的贡献。根据马克思和恩格斯的看法，空想社会主义之所以是空想，主要是由以下因素决定的：第一，无产阶级本身还不够壮大，无产阶级解放的物质条件还不成熟，无产阶级和资产阶级之间的阶级斗争还不够尖锐；第二，空想社会主义只把无产阶级当作受苦最深的阶级，还认识不到无产阶级的历史作用；第三，空想社会主义站在超阶级的立场上，主

张通过道义的力量与和平的途径把资本主义变成社会主义。

早期社会主义关于未来社会的设想，其中包含了许多合理成分。之所以称之为空想，是因为他们设想中的这些合理成分，在资本主义条件下根本不可能实现。但他们对资本主义生产方式的批判，以及他们对未来社会的设想中提出的某些社会问题的解决方案，对我们仍有启示意义。但空想社会主义只看到资本主义必然灭亡的命运，却未能揭示资本主义必然灭亡的经济根源；要求埋葬资本主义，却看不到埋葬资本主义的力量；憧憬取代资本主义的理想社会，却找不到通往理想社会的现实道路。

（二）科学社会主义的诞生

马克思和恩格斯在新的历史条件下创立了唯物史观和剩余价值学说，揭示了人类历史发展的奥秘和资本主义剥削的秘密，论证了无产阶级的历史使命，把争取社会主义的斗争建立在社会发展客观规律的基础上，从而超越了空想社会主义，创立了科学社会主义。1848年2月，马克思和恩格斯为世界上第一个无产阶级政党"共产主义同盟"所写的党纲《共产党宣言》的发表，标志着科学社会主义的问世。

第三节　社会主义从理论到实践的飞跃

马克思主义把社会主义从空想变成了科学，实现了对社会主义认识的第一次历史性飞跃。从此，工人运动和社会主义思潮才真正结合起来，无产阶级和全人类才有了科学理论的指导，社会主义运动才取得了一个又一个显著成就。

一、无产阶级革命与社会主义制度

（一）什么是无产阶级革命

社会主义从理论到实践的飞跃，是通过无产阶级革命实现的。无产阶级革命是迄今人类历史上最广泛、最彻底、最深刻的革命，是不同于以往一切革命的最新类型的革命。无产阶级革命是彻底消灭一切私有制、代之以生产资料公有制的革命，是要彻底消灭一切阶级和阶级统治的革命，是为绝大多数人谋利益的运动。无产阶级只有解放全人类才能解放自己，它的阶级利益同所有其他劳动者的利益是根本一致的。无产阶级革命是不断前进的历史过程。无产阶级革命夺取政权绝不意味着革命的结束，而是更重要更困难的革命任务的开始。无产阶级必须永葆革命性和先进性，直至实现共产主义。

在资产阶级的暴力镇压下，无产阶级要想实现自己的革命任务，就不得不通过暴力革命。暴力革命是无产阶级革命的主要的基本的形式。1871年3月18日巴黎工人起义和由此建立的巴黎公社，是无产阶级革命和无产阶级专政的第一次伟大尝试。马克思高度评价巴黎公社的意义，认为"公社的原则是永存的"。巴黎公社革命可以说是十九世纪世界社会主义运动的最高成就。

（二）社会主义从理论到实践

十九世纪末二十世纪初，自由资本主义发展到垄断资本主义阶段即帝国主义阶段，资本主义世界的经济政治情况发生了新的变化。资本主义各国经济政治发展不平衡的状况进一步加剧和尖锐化。列宁是伟大的马克思主义者，在新的条件下，他不仅科学地回答了在经济文化比较落后的国家怎样进行无产阶级革命，实现无产阶级专政的问题，而且开始了创造性地建设社会主义的伟大实践。列宁认真总结了当时变化了的新情况，集中了俄国布尔什维克党的智慧，立足于资本主义发展不平衡的规律，深刻论述了社会主义革命首先在一个或者几个国家内获得胜利的理论。

科学社会主义创始人马克思、恩格斯早在1848年发表的划时代的《共产党宣言》中认定：共产主义革命将首先在资本主义发展程度较高的英、法、德等国发生。到1914年英、法、俄三个协约国与德、奥、意三个同盟国这两个资本主义列强集团之间爆发第一次世界大战之后，俄国工人阶级的社会民主党认为这一场帝国主义之间的世界大战加速了无产阶级社会主义革命的进程，所以提出构建欧洲社会主义联邦的口号。"一战"于1914年8月4日全面爆发后，俄国社会民主党中央委员会当即于9月28日之前发表由党的领袖列宁撰写的题为《战争与俄国社会民主党》的宣言，其中鲜明地提出"变当前的帝国主义战争为国内战争"的主张，并且认为"在一切先进国家，战争又把社会主义革命的口号提到日程上来"，首先要求推翻德、奥、俄三国的君主制度，由欧洲社会民主党人建立"共和制的欧洲联邦"。欧洲先进国家都取得无产阶级社会主义革命胜利后，进而成为欧洲社会主义共和国联邦。

一年之后，由于形势的发展变化，列宁经过缜密研究和思考，与时俱进地提出了新看法。1915年8月，列宁发表《论欧洲联邦口号》一文，重新论述了此前他代表俄国社会民主党中央委员会提出的欧洲联邦口号。提出共产主义的彻底胜利不仅要建立欧洲联邦，而且会形成世界联邦，如果提出欧洲联邦和世界联邦的主张，可能会"造成一种曲解，以为社会主义不可能在一个国家内获得胜利"。列宁强调指出："经济和政治发展的不平衡是资本主义的绝对规律，由此就应得出结论——社会主义首先会在少数甚至在单独一个资本主义国家内获得胜利。"

1916年8月9日以前，列宁在《无产阶级革命的军事纲领》一文中又写道："资本主义的发展在各个国家是极不平衡的，而且在商品生产社会也只能这样。由此得出一个必然的结论——社会主义不能在所有国家内同时获得胜利，它将首先在一个或者几个国家内获得胜利，而其余的国家在一段时间内仍然是资产阶级的或资产阶级以前的国家。"在列宁看来，帝国主义时代的无产阶级社会主义革命，将是由一国或数国首先取得胜利，然后波浪式地发展为全世界的胜利。列宁提出的这个新论断，是以资本主义进入到帝国主义阶段经济政治发展不平衡规律为依据的，也是符合当时的实际情况的。列宁在1915年和1916年两次提出社会主义可能在一国首先取得胜利的新理论，这一理论改变了科学社会主义的传统观念，是在新时代即帝国主义时代对科学社会主义的新发展。

在这一理论的基础上，列宁根据对俄国国内革命形势和国际状况的科学分析，进一步得出了社会主义可能在经济文化相对落后的俄国首先取得胜利的结论，并且将这一理论付诸实践。在革命形势成熟的条件下，领导了俄国十月革命。1917年11月7日（俄历10月25日），列宁和布尔什维克党领导彼得格勒工人和士兵群众，通过武装起义推翻了资产阶级临时政府，取得了十月社会主义革命的胜利。十月革命的胜利，显示了暴力革命的伟大历史作用，证实了列宁关于社会主义革命可能首先在一个或者几个国家内取得胜利的科学论断，也向全世界表明，经济文化相对落后的国家在特定的历史条件下，可以率先建立起先进的社会主义制度。这是列宁对马克思主义关于无产阶级革命学说的重大贡献。

二、列宁、斯大林对社会主义建设的探索

十月革命的胜利，开辟了人类历史的新纪元，苏维埃俄国成为世界上第一个社会主义国家。年轻的苏维埃政权建立以后，不仅面临着巩固政权的任务，而且还面临着在经济文化相对落后的条件下建设社会主义的任务，而这一次又毫无经验和先例可资借鉴。这些特殊的因素，决定了列宁、斯大林在领导人民走向社会主义道路时，不得不经历一个艰难曲折的探索过程。

（一）列宁领导下的苏维埃俄国对社会主义的探索

十月革命的胜利，使社会主义由科学走向实践。马克思、恩格斯阐明了这一理论由科学变成现实的必然性和一般规律，但没有提出实现这种转变的具体途径和方法。如何结合俄国国情，探索和开创落后国家走向社会主义的道路，成为十月革命后列宁面临的重大时代课题。列宁把对这一课题的探索比作"攀登一座还没有探测过的非常险峻的高山"，其艰巨性和历史意义不亚于十月革命。二者构成了列宁一生的两大贡献。

列宁领导的苏维埃俄国对社会主义道路的探索，大体上经历

了三个时期：

1. 进一步巩固苏维埃政权时期（1918年—1920年）

内政：从1917年11月到1918年春天，苏维埃政权基本上完成了"剥夺剥夺者"的任务，银行和大工业的国有化使无产阶级掌握了国家的经济命脉。

外交：1918年3月，苏俄和德国签订《布列斯特和约》。

理论：《苏维埃政权的当前任务》和《论"左派"幼稚性和小资产阶级性》等著作，列宁指定了苏维埃俄国向社会主义过渡的初步计划，提出社会主义改造的方法和途径等措施。

2. 外国武装干涉和国内战争时期即战时共产主义时期（1918年—1920年）

主要特征：取消商品货币关系

战时共产主义政策是战争环境和帝国主义武装干涉俄国迫使无产阶级采取的一种临时性政策。正如当时列宁所说："为了拯救国家，拯救军队，拯救工农政权，当时必须这样做。"战时共产主义政策的实施，对于粉碎国际帝国主义的武装干涉和国内反革命叛乱，保卫新生的苏维埃政权起了重要作用。但是，"用无产阶级国家直接下命令的办法在一个小农国家里按照共产主义原则来调整国家的产品生产和分配"的做法脱离了实际，需要及时调整。

3. 由战时共产主义转变为新经济政策时期（1921年）

俄共十大决定从战时共产主义政策过渡到实行以发展商品经济为主要特征的新经济政策。新经济政策的实施，扭转了国家的严重危机，活跃了苏维埃的城乡经济，发展了生产，大大加强了苏维埃的社会主义经济基础，也改善了工人、农民和其他劳动者的物质文化生活。

列宁在俄国社会主义革命取得胜利初期，对苏维埃俄国如何建设社会主义作出了许多精辟的论述。首先，把建设社会主义作为一个长期探索、不断实践的过程；其次，把大力发展生产力、提高劳动生产率放在首要地位；再次，在多种经济成分并存的条件下，利用商品、货币和市场发展经济；最后，利用资本主义，建设社会主义。列宁还指出了马克思主义执政党建设的极端重要性，阐明了思想建设和文化建设的重要意义，提出了加强国家政权建设和发扬社会主义民主的一系列措施。

列宁通过积累实践经验，根据俄国国情和建设成果理解社会主义，他肯定资本主义的历史进步性和利用资本主义积极因素的必要性，同时通过无产阶级国家政权规定和限制资本主义因素起作用的范围。列宁指出，社会主义的目标不能忘记，这是原则性，但可以灵活运用达到这一目标的手段。利用资本主义不是社会主义的倒退，而是为了更好地向社会主义前进。

列宁晚年对社会主义道路的探索，对于马克思主义理论的丰富和发展具有十分重要的作用。他在口授的《日记摘录》、《论合作社》、《论我国革命》、《怎样改组工农检察院》、《宁肯少些，但要好些》等被人们称为"政治遗嘱"的文章和书信中，对十月革命所走过的道路进行了深入的思考，思考主要表现在以下三个方面：一是关于经济文化落后的国家可以建设社会主义的理论；二是以新经济政策"迂回过渡"到社会主义的方法；三是如何建设社会主义的构想。今天我们学习列宁晚年对社会主义的探索，对于科学理解和正确坚持社会主义，具有十分重要的意义。

（二）斯大林领导下的苏联对社会主义的探索

列宁的新经济政策实践的时间很短，新经济政策思想并未被全党普遍接受，列宁逝世后，俄共党内便在要不要坚持新经济政策的问题上出现了严重分歧，争论的结果最终是斯大林的社会主义理论成了党的指导思想。新经济政策夭折后，斯大林的理论和政治主张占据了主导地位。1928年，斯大林提出了优先发展重工业的方针，通过高度集中的政治经济体制，集中全国的人力、物力、财力，超高速地实现了社会主义工业化。1929年—1937年间，苏联工业以每年20%的平均增长速度向前发展着。通过短短的两个五年计划，苏联工业总产值跃居到欧洲第一位，世界第二位。1936年12月，在苏维埃第八次非常代表大会通过的宪法中，宣布苏联已经建成了社会主义，同时标志着苏联模式最终确立。

所谓苏联模式，就其内涵本身而言，可以从经济和政治两个方面加以解释。其特征从经济方面看，主要是由经济发展战略和经济体制两部分组成。在发展战略发面，主要是以高速发展国民经济为首要任务，以重工业为发展重点，实现从农业国到工业国的转变。与这种发展战略相适应，在经济体制方面，主要是在所有制结构上形成了单一的生产资料公有制形式，在经济运行中排斥市场机制，完全采用行政手段，形成了过度集中的指令性计划经济模式。从政治方面看，主要表现为高度集权的党和国家领导体制，自上而下的干部任命制，软弱而低效的监督机制等。

苏联模式是在特定历史条件下产生的，曾经促进了社会主义制度的巩固和发展，推动了社会主义生产力的高速发展，确保了重工业，特别是国防工业的发展，为处于帝国主义包围中的苏联社会主义建设奠定了物质基础，人民的物质和文化生活水平也有了提高。这种模式在第二次世界大战中为苏联反法西斯战争的胜利提供了物质和人员保障。虽然苏联模式对推动苏联社会主义建设发挥了重要作用，但也存在种种弊端。主要是集中过多，管得过死，否定市场的作用，严重束缚企业和劳动者的积极性。社会主义发展的历史证明，苏联模式是特定历史条件下的产物，它并不是社会主义的唯一模式。

第四节 社会主义由一国到多国的实践

一、社会主义发展的又一次历史性飞跃

苏联十月革命的胜利，殖民地半殖民地国家民族民主革命的蓬勃发展，帝国主义力量的削弱，极大地鼓舞了世界各国人民，促进了世界社会主义运动的发展。第二次世界大战结束后，苏联社会主义建设的伟大成就，影响、带动、支持和帮助了一大批社会主义国家的建立，形成了一个强大的社会主义阵营。中国革命的胜利、中华人民共和国的成立，是继十月革命之后二十世纪最重大的事件。二十世纪四十到七十年代是社会主义发展的高潮时期，15个社会主义国家的人口约占世界人口的三分之一，领土面积约达世界陆地面积的四分之一。社会主义从一国实践发展为多国实践，是社会主义发展进程中的又一次历史性飞跃。

继社会主义苏联之后出现的一大批社会主义国家包括：老挝人民民主共和国，古巴共和国，中华人民共和国，德意志民主共和国，朝鲜民主主义人民共和国，罗马尼亚人民共和国，匈牙利人民共和国，保加利亚人民共和国，阿尔巴尼亚人民共和国，捷克斯洛伐克共和国，越南民主共和国，南斯拉夫联邦人民共和国，波兰人民共和国，蒙古人民共和国。包括苏联在

内的15个国家的建立分三种，一是革命斗争（中、越、朝、南、古、老），二是红军帮助（东欧国家），三是苏联塑造（民主德国）。而其中苏联、东欧、东德及南斯拉夫分别因自身原因、外力因素、被肢解等方式而解体，中、越、朝、古、老纷纷走上改革之路。

二、二十世纪社会主义发展的历史贡献

社会主义革命的成功与社会主义制度的建立和发展，对人类历史产生了深刻的影响。社会主义由理论变为现实，由一国发展为多国，是人类历史上的巨大飞跃。二十世纪的社会主义制度对人类社会历史的发展作出了巨大的历史贡献。

第一，社会主义开始作为一种新的社会制度发挥其历史作用。社会主义制度推动了各社会主义国家经济、政治、文化和社会各项事业的发展，加速了社会的工业化和现代化进程。社会主义国家的蓬勃发展也给资本主义国家造成了巨大压力，迫使他们在改善工人群众的工作和生活条件等方面做出一定的让步。社会主义事业的巨大成就推动了世界各国共产党组织的极大发展，鼓舞了世界人民争取进步的意志和信心。

第二，社会主义国家的存在及其在经济、政治、外交、军事上的影响，改变了世界的政治格局，在很大程度上遏制了资本主义和霸权主义在全世界的扩张。昔日资本主义独霸世界、一统天

下的时代，随着世界社会主义力量的强大已经一去不复返了。

第三，社会主义力量坚定地支持被压迫民族和被压迫人民，推动着世界和平与发展的时代潮流。社会主义的兴起，促进了亚、非、拉美民族解放运动的蓬勃发展，沉重地打击和瓦解了帝国主义的殖民体系，缩小了资本主义的势力范围。

第四，社会主义在当代引导着世界人民的前进方向。社会主义的理想信念经过社会主义实践的证实已经深入人心。它作为解决资本主义的深刻矛盾、克服资本主义严重弊病的更为进步的新社会，必将继续成为世界人民追求美好未来的目标和方向。

社会主义在二十世纪取得的辉煌成就及其在发展中的曲折历程表明，必须坚持社会主义道路，坚持无产阶级专政，坚持共产党的领导地位，坚持马克思列宁主义，这是最根本的历史经验。二十一世纪，社会主义将进行新的开拓，经过全世界工人阶级及其政党的共同奋斗，必将迎来社会主义新的伟大复兴。

第二章

二十世纪西方其他流派的社会主义

社会主义作为一种社会理论思潮，自其产生以来，一直都存在着形色各异的不同流派。由于社会主义者所处的历史环境和政治立场不同，他们对资本主义的认识和批判、对社会主义的理想和憧憬也就很难一致，因此形成了不同的社会主义思潮和流派。

二十世纪，社会主义运动的主流无疑是科学社会主义。然而，其他社会主义思潮及流派对社会主义运动亦有其不容忽视的影响，它们各自都曾以不同的方式为社会主义伟大事业作出贡献，甚至有些流派或思潮至今仍然富有生命力。尽管各种思潮和流派都存在一定的局限性，它们对马克思主义科学社会主义都有程度不同的背离，但在它们的思想观点和理论主张中也不乏真知灼见。这些对于世界社会主义运动和我国的社会主义建设均具有一定的启发意义和学习价值。

第一节　民主社会主义

民主社会主义是国际上颇具影响力的政治思潮，它是社会党国际及其所属社会党的理论旗帜。作为社会民主主义的支胄，一种对资本主义的改良思潮，民主社会主义早在十九世纪初的国际工人运动中就已存在。随着马克思主义思想的广泛传播，欧洲国家建立的工人政党逐步接受了马克思主义的主张，同时又自称"社会民主党"或"社会民主主义者"。民主社会主义反映和代表了各国社会民主党及其国际组织在解决社会矛盾问题的基本主张上，在处理政治问题的基本观点上，在基本理论的出发点和方法论上等各方面的共同之处，被奉为各国社会民主党思想体系和目标模式的统称。

一、民主社会主义的思想渊源与理论基础

在民主社会主义的历史上，社会主义的观念首先是从基督教、人道主义和古典哲学的传统中产生出来的。基督教教义认为社会应该建立在兄弟情谊的基础上，从而被看成是民主社会主义的一种原始动机。人道主义把人本身以及人的需要和能力当作社会的最重要因素，启蒙学者和空想社会主义者在构建自己的理论

框架时，都是把人作为对象并置于社会关系的中心，因而在许多方面成为民主社会主义的思想先驱。古典哲学特别是康德的哲学，提出了人道主义的社会观，从而构成了现代民主社会主义的核心价值。

除此之外，民主社会主义可以说是对国际工人运动和社会主义运动历史上各种各样的改良主义和修正主义的总继承。首先，对民主社会主义影响较大的十九世纪中期的非科学社会主义有英国的工联主义、法国路易·勃朗的空想社会主义和德国拉萨尔的国家资助社会主义。其次，修正主义提出了一整套的改良主义理论，主张通过民主改良和经济改良的手段来实现社会的社会主义改造，对马克思主义进行了全面的攻击和篡改，认为康德是德国社会主义真正的始祖。1959年德国社会民主党通过的《哥德斯堡纲领》使修正主义的主要内容成为现代民主社会主义的理论基础。最后，两次世界大战之间，欧洲社会民主党的新一代理论家们根据资本主义发展的新情况和社会民主党的现实处境，提出了一系列社会改良主义的思想主张。他们的理论很快为英国工党所接受，成为战后英国工党制定政策的理论基础，进而成为民主社会主义理论体系的有机组成部分。

同时，民主社会主义在其发展的历史进程中，广泛吸收了现代西方哲学和社会科学流派的理论观点。其中主要有哲学的批判理性主义、存在主义，经济学的国家干预主义，社会学的结构功能主义和冲突理论，以及综合性的未来学和西方马克思主义等。

二、民主社会主义的理论主张

民主社会主义认为社会主义的本质不是一种包含政治、社会和经济联系的社会制度，而是一种包括自由、民主、公正、互助在内的道德价值体系，这种道德价值体系旨在消除资本主义社会关系中的矛盾，实现人与人之间的超阶级团结。民主社会主义不再把实现社会主义作为自己的奋斗目标，并完全否认了暴力革命的作用，而是把渐进改良作为一种十分重要的方法，主张逐步改造现有的资本主义社会。

在政治上，民主社会主义提出，现代国家可以通过政治体制的民主化而成为为全社会各阶级服务的、平等协调各个阶级利益的"中性"管理工具。因此，民主社会主义反对无产阶级使用暴力革命的方法来砸碎资产阶级的国家机器，主张无产阶级通过议会斗争或工人运动来争取普选权，这样就可以利用资产阶级共和制"和平长入"社会主义。

在党的建设上，民主社会主义认为党不是某一个阶级或集团的组织，党的工人阶级属性应不断淡化，党的大门应向一切理解和支持民主社会主义运动的人敞开。同时，社会民主党在党内实行广泛的民主，采取多元化的思想路线和组织路线，允许党内不同思想派别和组织的存在和活动。此外，社会民主党的组织结构都很松散，对党员没有严格党内纪律约束，党员的流动性较大。

在经济上，民主社会主义反对消灭生产资料的私有制，认为国有化不是解决一切问题的万能钥匙，还认为造成资本主义社会不平等的根本原因不在生产资料私有制本身，而是由于资本主义经济制度的不完善。因此，民主社会主义主张建立以私有制经济为主体的混合经济，认为混合经济是克服资本主义经济制度各种问题的有效方法。

三、民主社会主义的历史贡献及其局限性

民主社会主义为人类文明进步做出了历史性的贡献，它代表先进生产力的发展要求，化解了工人阶级与资产阶级不共戴天的仇恨，化解了社会主义制度与资本主义制度不共戴天的仇恨，使社会主义运动成为和平的、理性的进化过程，并成功地开辟了在发达资本主义国家的民主框架内和平过渡到社会主义的道路。民主社会主义迄今已有一百多年的发展历史。在此期间，民主社会主义从一种西欧局部范围内的思潮发展成为一种在全球范围内有着巨大影响的政治运动，并取得了举世瞩目的成就。然而，作为一种与科学社会主义完全不同的理论体系，民主社会主义又有着自身不可逾越的局限性。

民主社会主义最根本的局限性在于主张不改变资本主义的经济基础，即立足于资本的整个生产关系，而寄希望于有限的国有

化和由政府实行的高福利政策来缓和矛盾。然而自由竞争是资本主义私有制最高级、最完备的形态。不能根本性地改变资本的经济关系，而仅仅进行限制竞争的社会改良，也就是将私有制限制在不完全的形态上，其结果只能是被迫向自由市场低头。

在理解民主社会主义思潮的问题上，我们需要采取正确客观的态度，要以实事求是的态度来了解和认识民主社会主义的理论和实践的发展，在社会发展和文明进步的标尺上衡量它的功过是非。特别是要以历史和逻辑统一的标准来判断它在资本主义环境中哪些政策和措施促进了社会生产力发展，哪些值得我们借鉴。

第二节　生态社会主义

生态社会主义也被称为生态马克思主义，是二十世纪下半叶蓬勃兴起的生态运动中形成的一个新思潮、新学派。在西方形形色色的生态理论当中，生态社会主义独树一帜，试图把生态学同马克思主义结合在一起，以马克思主义理论解释当代环境危机，从而为克服人类生存困境寻找一条既能消除生态危机，又能实现社会主义的新道路。狭义的生态社会主义是指对现代生态环境难题的社会主义政治理论分析和一种未来绿色社会的制度设计及其实现。它的核心是论证现代生态环境问题的资本主义制度根源和未来社会主义社会与生态可持续性原则的内在相融性。

一、生态社会主义的起源与发展

"生态学"一词是由德国动物学家海克尔在1866年发表的《有机体普遍形态学》一书中首先提出来的，他用此词表示生物有机体同其有机和无机环境的相互关系。此后，随着各国经济的飞速增长，其所带来的生态问题越来越引起人们的广泛关注。美国经济学家和社会学家K·博尔丁在他1953年出版的《组织革命》一书中，指出"生态革命"是社会存在的客观条件逐步变化的结果，是观念和理想乃至技术手段的革命。法兰克福学派创始人霍克海默和阿多尔诺在《启蒙的辩证法》一书中，从启蒙运动由于其内在的逻辑而走向其反面的角度提出了生态问题，并把人同自然的关系及生态问题当作一个主要的理论主题进行研究。

生态社会主义的发展大致可分为三个历史阶段：第一阶段的代表人物是最早介入绿党的共产党人鲁道夫·巴罗和亚当·沙夫。鲁道夫·巴罗倡导"社会主义生态运动"，研究"生态学马克思主义"，谋求"绿色"和"红色"政治力量的结合，要求建立一个由绿党、生态运动、妇女运动和一切进步的非暴力社会组织组成的群众联盟。亚当·沙夫是罗马俱乐部最早的成员之一，该俱乐部曾严肃地提醒世界广泛注意经济增长和科技进步的社会后果，注意当代人类面临的迫切的生态问题。他们是第一代生态社会主义的典型代表，也是共产党人中最早介入生态运动的。第二阶段以威廉·莱易斯、安德列·高兹等学者为代表。威廉·莱易斯认为，统治自然的观念是生态危机的最深层的根源。同时，资本主义生产以追求利润为目的过度生产，严重浪费生产力和资源，这就导致人的异化和生态危机。要解决生态危机问题，必须实行一种新的"稳态经济"，调整人与自然的关系，确立一种新的发展观。安德列·高兹提出，要改变生态危机的状况，必须停止经济增长，改变生活方式和限制消费，并使用可再生的能源，采用分散的技术，建立个人自主与自然协调的社会。第三阶段则以乔治·拉比卡和瑞尼尔·格伦德曼等学者为代表。乔治·拉比卡着力研究全球生态危机与生态社会主义的关系问题，认为生态社会主义标志着工人运动进入了一个新阶段，即"工人运动的文化革命阶段"。瑞尼尔·格伦德曼主要致力于以马克思主义的历史唯物主义为指导解决全球生态危机问题。

二、生态社会主义的历史价值与局限性

生态社会主义为新发展观的形成和发展做出了伟大的贡献。生态社会主义提出要把经济学与生态学结合起来，给予经济的发展以一个社会的、生态学的方向，同时要以尽可能好的方式，用有更高使用价值和耐用性的物品去满足人们的物质需要。而他们提出的在资本主义条件下的经济合理性和生态合理性相矛盾，资本主义的生态现代化改变不了资本主义的基本趋势，只有实现社

会主义生态现代化才能解决矛盾等主张，更有助于人们加深对社会主义最终必然取代资本主义这一人类社会历史发展不可逆转的总趋势的理解。生态社会主义通过对资本主义酿成生态危机的揭露和批判，以及从酝酿社会主义变革的高度去思考和设计种种替代方案，为人类超越资本主义工业文明的弊端，形成建设社会主义生态文明这种新颖文明的道路作出了贡献。

生态社会主义的诸多理论虽具有可操作的意义，但它与马克思主义在终极关怀层面解决问题的思路相比，仍具有自身的局限性。我们在肯定生态社会主义理念比生产主义理念更合理的同时，也应看到，有的生态社会主义者提出的某些社会主义主张，如认为现存社会主义、共产主义已随苏东剧变一起崩溃，社会主义已丧失了它的物质基础和历史主体。生态社会主义把生态问题看得高于一切，否认资本主义社会的基本矛盾仍是资产阶级与无产阶级之间的矛盾，转移了人们的斗争方向。生态社会主义并不主张消灭资本主义私有制，也不区分劳动的性质。相反，马克思主义认为，在共产主义公有制条件下，由于个人维持生存的"必要劳动"由社会来调节且其时间缩短到最低限度。如此，个人就有了充分的自由时间来从事全面发展自身能力与素质的自由劳动，而"自由劳动"是人类消灭资本逻辑之后的新型生活方式。生态社会主义批判苏联模式过度集中，但又过分强调民主化，过分强调工人自治；批判过分集中化、官僚化、技术统治论，却又把这些作为责难现代化大生产的依据，认为正是这种大生产导致了劳动的破碎化，并主张用手工劳动去代替现代化大生产，这就是一种倒退了。

生态社会主义从生态视角对资本主义生存模式所作的根本性批判，立足于当代的高度，论证了社会主义必然取代资本主义的规律性。其理论体系虽然还不够系统完善，并且还有许多空想的成分，但它的历史价值不容忽视，在总体上顺应了历史潮流。生态社会主义将斗争的矛头对准垄断资本，从各个方面批判了现代垄断资本主义的弊端，提出了保护生态平衡，反对生态殖民主义等主张。这些都是资本主义世界广大人民迫切要求的反映，其基本方面是积极的。然而，由于生态社会主义的眼光仅限于资本逻辑统治的当下世界，导致了它所倡导的生态社会主义模式虽有现实意义，却仍有不彻底性。

第三节　市场社会主义

苏东剧变后，市场社会主义思潮在资本主义的中心国家重新涌现，并引起人们的广泛关注。市场社会主义是一种经济体制的理论或模式，也是世界社会主义运动的一股重要思潮，它是西方大约一个世纪以来倡导和探索社会主义与市场经济相结合的道路与模式形成的思想理论。在不同的历史时期，由于社会主义与市场经济的结合方式和范围的不同而产生了特征迥异、内容不一的许多理论模式。学习西方市场社会主义理论，对认清西方当代市场社会主义的实质和促进我国社会主义市场经济的建设有不容忽视的积极意义。

一、市场社会主义的三个发展阶段

市场社会主义的理论发展大致经历了三个历史时期：二十世纪二十年代、三十年代是市场社会主义理论的初步形成时期，五十年代到八十年代末是市场社会主义理论的真正确立与实践时期，九十年代至今是市场社会主义的深入反思及新形态确立的时期。

二十世纪二十年代、三十年代，西方经济学界发生了一场关于社会主义的大论战，市场社会主义思潮正是在这场论战中逐步形成的。该时期最著名的就是旅美波兰经济学家奥斯卡·兰格提出的"兰格模型"。"兰格模型"又称为"竞争解决社会主义"。其最主要的特点是：生产资料当实行公有制，但小型工农业可保持私有；不完全市场体系，存在消费品市场、劳动服务市场，但不存在生产资料市场和资金市场；实行国家、地方、家庭参与的多重决策体系；双重价格定价体系，消费品和劳动力价值通过市场来定价，而生产价值由中央计划机关采取模拟市场竞争的方法来决定。"兰格模型"是早期的市场社会主义思潮形成的标志。

五十年代至八十年代是市场社会主义思潮在东西方各国分别确立的时期。东欧、苏联的经济学家主张在计划经济框架内，充分发挥市场机制的作用。在此基础上，不同国家有不同的理论流派和不同的模式理论。南斯拉夫的市场社会主义在当时影响最大。其代表人物卡德尔认为，经济的快速发展只有在市场基础上才有可能。南斯拉夫的市场社会主义理论在实践中逐渐形成了以工人自治为核心的自治社会主义。此外，波兰经济学家布鲁斯提出了"有调节的市场机制的计划经济模式"，认为社会主义经济运行机制是有调节的市场机制，它同完全自由的市场机制有别。另有许多市场社会主义的不同思潮都为市场社会主义的发展和完善提供了实践基础和理论依据。

二十世纪九十年代以来，市场社会主义重新在英、法、美等西方发达国家活跃起来，进入反思与创新的改革时期。他们重新探讨市场社会主义，为的是弄清如何通过市场使西方走向社会主义，由此而出现了远离自由主义，重构市场社会主义蓝图的新动向。这一时期大致有五种不同类型的市场社会主义模式理论，在修正先前模式理论的基础上有许多重大突破。五种类型分别是工人管理企业类型，工人所有制类型，经理管理企业类型即社会资本租赁制类型，没有资本家的资本主义组织类型和混合经济类型。

二、市场社会主义的理论特征

市场社会主义在不同历史阶段上和不同流派中，其具体观点和政策主张不尽相同，但是，承认市场与社会主义可以兼容或结合，这个基本观点是比较确定，比较一致的。而英国工党理论家提出的"联姻论"和"主导机制论"，则使之更加明确化和系统化，并使市场社会主义在理论上得以真正确立。从这个意义上，我们可以将其视为市场社会主义的标志性理论。市场社会主义的理论特征主要有：

第一，传统的社会主义认为经济机制同所有制不可分离，并由此出发反对市场。西方市场社会主义把资源配置形式和社会制度分离开来。把计划机制、市场机制与社会主义、资本主义分离开来。他们认为，计划和市场都是资源配置的手段，与社会制度的性质是没有关系的。市场社会主义者在二十世纪六七十年代明确提出了关于经济机制可与所有制相脱离的思想，其中包括美国经济学家埃克斯坦和奥地利经济学家贝尔等。他们明确指出，解决经济体制问题的一个重要原则就是"应懂得占统治地位的管理原则不取决于所有制的性质"。美国的格雷戈里等人认为，市场和计划仅仅是资源配置的一种手段。除此之外，埃斯特林等人撰写的《市场社会主义》一书认为，市场经济是资本主义的必备特征，资本主义必须依赖市场。但是，市场与资本主义之间并不存在内在的实质联系，市场并非只有依赖资本主义才能生存。因此，资本主义和市场是可以分离的。

第二，市场社会主义强调市场的主导作用，将市场作为社会主义经济运行的主导机制，作为资源配置的主要手段，这也是市场社会主义的主要特点。市场社会主义主张大力发挥市场在社会主义经济中的核心作用、基础作用或导向作用，计划或政府干预机制仅仅在主导形式不能有效发挥作用时才启动。但是在多大范围、何种程度、何种方式上，不同时期、不同国家、不同学者的主张各不相同。

三、市场社会主义与社会主义市场经济的区别

市场社会主义与中国社会主义市场经济理论虽然都具有一定的马克思主义色彩，但在某些根本问题上二者之间存在着巨大的差异性，市场社会主义仍有许多理论上的不完善之处。

首先，二者对待公有制的态度不同。在马克思主义看来，坚持公有制是社会主义区别于资本主义的根本标志。中国共产党人在社会主义市场经济建设过程中，根据经济文化落后的具体国情，肯定多种经济成分并存的合理性，但始终高度重视和坚持公有制的主体地位。作为社会主义的一种流派，市场社会主义极力反对资本主义的私人占有制，认为它是导致社会不公正的根源。但在对待公有制问题上，市场社会主义则经历了一个从注重公有

制到淡化乃至否定公有制的衰变过程。

其次，二者的理论基础不同。从理论源头来看，市场社会主义以"帕累托最优"这一福利经济学的基本理论作为前提，旨在建立一个能够实现社会福利和公共利益最大化的理想社会。虽然它也从马克思的思想当中借用了一些东西，然而在根本上，其理论基础仍然是西方经济理论以及西方伦理思想。而中国社会主义市场经济的理论基础则是与时俱进的马克思主义。

最后，二者理论的现实性与科学性的程度不同。市场社会主义的现实性与科学性是有限的，它在理论上有一定的空想性，在实践上缺乏可操作性。市场社会主义将市场同资本主义分离，这无疑具有一定积极意义，但是其后期所构筑的各种新模式和新体系，大多脱离现实环境。

除以上三种社会主义流派外，还有许多不同的社会主义流派都曾对世界社会主义运动产生过一定影响，做出过或多或少的贡献。在肯定它们的同时，我们也必须清醒地认识到这些社会主义流派的局限性。在学习其他社会主义流派的过程中，要取其精华去其糟粕，继承并充分发扬其中值得学习的优秀理论观点，同时拒斥并严肃杜绝其中的消极负面影响。

第三章

社会主义在实践中发展和完善

第一节　社会主义基本特征在实践中发展

社会主义基本特征是社会主义本质在经济、政治、文化、社会等各方面的外在体现，是社会主义社会区别于资本主义社会和其他社会形态的最主要最根本的标志。只有全面正确地认识和把握社会主义的本质及其基本特征，才能在社会主义建设中始终把握历史发展的大方向。

一、科学社会主义经典作家对社会主义基本特征的认识

马克思主义者对社会主义社会的本质和基本特征的认识是在实践中不断发展和深化的。马克思和恩格斯以历史和前人的科学文化成就为前提，对社会主义社会的本质特征做了原则上的推论和预测。马克思在《哥达纲领批判》中，把未来社会划分为第一阶段和高级阶段。恩格斯说过，社会主义是一个"经常变化和改革的社会"。社会主义的本质，是解放生产力，发展生产力，消灭剥削，消除两极分化，最终达到共同富裕。这必然是一个历史过程。社会主义社会本身是一个发展的社会，要经过不同的历史发展阶段。事物发展的根本原因在于事物内部的矛盾运动。

马克思和恩格斯设想共产主义社会的第一阶段具有以下基本特征：生产资料归全社会所有；根据社会的需要，有计划地调节生产；在对社会总产品作了各项扣除之后，对个人消费品实行各尽所能、按劳分配；没有商品生产，没有货币交换；没有阶级对立和阶级差别，国家开始消亡但尚未完全消亡等。这些基本特征的设想对今天认识"什么是社会主义"具有重要的指导意义。但是由于当时种种条件的制约，马克思和恩格斯没有亲身经历社会主义建设的实践。他们只能在总结历史和前人科学文化成就的基础上，对社会主义社会的本质特征做了原则上的推论和预测。马

克思和恩格斯一再声明：他们对于未来非资本主义社会区别于现代社会的特征的看法，是从历史事实和发展过程中得出的结论。脱离了这些事实和过程，就没有任何理论价值和实际价值。

俄国十月革命后，社会主义制度刚刚建立，对社会主义社会的本质特征的认识也成为一个崭新课题。列宁在总结社会主义实践经验的基础上，在《国家与革命》中明确地把共产主义社会第一阶段称为社会主义社会。1918年，在俄共七大讨论修改党纲时，布哈林建议在党纲中详细论述社会主义特征，列宁指出："要论述一下社会主义，我们还办不到，到达完备形式的社会主义是个什么样子，我们不知道，也无法知道。因为还没有可以用来论述社会主义的材料。"在领导俄国向社会主义过渡的实践中，列宁对社会主义特征的认识主要有：实行全民所有制经济和集体所有制合作经济；存在商品生产和商品交换；具有高度发达的生产力和比资本主义更高的劳动生产率；建立工人阶级和劳动人民的政权及其民主制度等。

二、对社会主义本质和基本特征的认识在实践中深化和发展

人们对社会主义的本质和基本特征的认识，只能随着实践的发展而不断进步和完善。斯大林在领导苏联建设社会主义的过程中，逐渐形成了社会主义苏联模式。苏联模式对绝大多数社会主

义国家产生了深刻影响，这些国家也以苏联模式建设本国社会主义。在这个过程中逐渐形成了传统意义上的社会主义经济特征：生产资料公有制，按劳分配，计划经济。这种经济特征，在早期的实践中都曾起过一定的积极作用，但经济在不断发展，固守这种模式会限制人们的思想，也会严重阻碍生产力的发展。

社会主义从一国实践到多国实践，直到改革的实践，这一过程使人们对社会主义的再认识不断深化，更加全面地认识社会主义社会的本质及其基本特征。中国共产党人在探索建设社会主义道路的过程中，经历了一个在实践中不断深化和发展的过程。十一届三中全会以前，我们接受了传统意义上的社会主义观念。十一届三中全会以后，随着社会主义改革的深入，形成了新的认识：在所有制结构上，应该是以公有制为主体多种经济成分并存；在分配制度上，应该是以按劳分配为主体的多种分配形式并存；在经济体制上应该是有计划的商品经济。1992年，邓小平视察了南方，中国共产党召开了十四大，对社会主义本质及其特征有了比较深刻而完备的认识。这些认识集中体现在中国特色社会主义理论体系中，为科学社会主义理论增添了新内容。

邓小平从解放生产力与发展生产力的统一中，从生产力与生产关系的统一中，对社会主义的根本性质作了科学的概括。他明确指出："社会主义的本质，是解放生产力，发展生产力，消灭剥削，消除两极分化，最终达到共同富裕。"这就从解放生产力与发展生产力的统一中，从生产力与生产关系的统一中，从现实任务与奋斗目标的统一中，对社会主义的根本性质作了科学的概括，是对科学社会主义的重大发展。中国共产党人在进一步的探索中认识到，推动科学发展，促进社会和谐，实现人的全面发展，是社会主义的本质属性和要求。社会主义基本特征的各方面是一个互相联系的有机整体，是社会主义制度优越于资本主义制度的本质表现。所有这些认识，对我们正确把握社会主义的特征具有重要指导意义。根据各国社会主义的实践经验，特别是根据中国建设社会主义的实践经验，可以把社会主义的基本特征概括为：

第一，解放和发展生产力，创造高度发达的生产力和比资本主义更高的劳动生产率。社会主义制度是比资本主义制度更高更先进的社会制度，社会主义一定要具备和大力发展高度发达的生产力和比资本主义更高的劳动生产率，才能够适应和促进生产力的发展，最终战胜资本主义所必须的物质基础，以充分体现社会主义制度的优越性。

第二，建立和完善生产资料公有制，逐步消灭剥削，消除两极分化，达到共同富裕。生产资料的公有制是社会主义生产关系的基础，是社会主义制度与资本主义制度相区别的根本标志。经济文化相对落后的社会主义国家建立的经济结构在相当长的时期内，不可能也不应该实行单一的公有制，更不应该实行单一的国有制。究竟应该怎样建设以公有制为主体的所有制结构，公有制应该采取怎样的形式，必须从本国生产力发展的具体状况出发。中国根据自己处于社会主义初级阶段的国情，确立了以公有制为主体，多种所有制经济共同发展的社会主义初级阶段的基本经济制度，并对包括股份制在内的多种公有制实现形式进行了探索。

第三，对个人消费品实行"各尽所能，按劳分配"制度。生产资料所有制关系决定分配关系。社会主义实行按劳分配的制度是社会主义公有制所决定的，是社会主义公有制的具体体现。社会主义社会实行按劳分配制度，表明劳动既是每一个有劳动能力的社会成员的基本权利，也是对社会应尽的义务。列宁指出：不劳动者不得食是社会主义实践的训条，"这个简单的、十分简单和明显不过的真理，包含了社会主义的基础，社会主义力量的取之不尽的泉源，社会主义最终胜利的不可摧毁的保障"。究竟应该建立怎样贯彻社会主义原则的分配制度，应根据各个国家的不同情况而定。中国经过多年探索，确立了以按劳分配为主体，多种分配方式并存的社会主义初级阶段分配制度，这是对马克思主义关于社会主义分配理论的丰富和发展。

第四，在马克思主义政党领导下，建立工人阶级和劳动人民的政权，即无产阶级专政或人民民主专政，发展社会主义民主政治，建设社会主义政治文明。工人阶级和劳动人民的政权是社会主义社会最根本的政治特征。在社会主义国家，人民当家做主，国家一切权利属于人民。发展社会主义民主政治，建设社会主义政治文明，最根本的是要把坚持共产党的领导、人民当家做主和依法治国有机统一起来。共产党的领导是人民当家做主和依法治国的根本保证，人民当家做主是社会主义民主政治的本质要求和核心，依法治国是共产党领导人民治理国家的基本方略，是社会主义民主政治的基本要求。

第五，以马克思主义为指导，大力发展社会主义文化，建设社会主义精神文明。社会主义文化是凝聚和激励社会主义国家人民的重要力量，是社会主义国家综合国力的重要标志。在全社会形成社会主义的共同理想和精神支柱，是社会主义文化建设的根本；发展教育和科学，是文化建设的基础工程；发展文学艺术等事业，是文化建设的重要内容；营造良好的文化环境，是提高社会文明程度、推进社会主义现代化建设的重要条件；博采世界文明之众长，坚决抵制各种腐朽思想文化的侵蚀，是建设社会主义文化的基本原则。

第六，以人为本，构建和谐社会。坚持以人为本，构建社会主义和谐社会，是贯穿社会主义历史阶段的长期历史任务，是在发展的基础上正确处理各种社会矛盾的历史过程和社会结果。社会主义和谐社会，是共产党人领导全体人民共同建设、共同享有的社会，是民主法治、公平正义、诚信友爱、充满活力、安定有序、人与自然和谐相处的社会。社会和谐是社会主义的本质属性。

在社会主义的基本特征中，最重要的是公有制为主体和共同富裕，这是必须坚持的社会主义的根本原则，是社会主义优越性的根本表现。

第二节　经济文化相对落后的国家建设社会主义是长期艰巨的过程

社会主义首先在经济文化比较落后的国家取得胜利，这一点将在一个很长的历史时期支配着和影响着社会主义发展的进程。在经济文化比较落后的条件下建设社会主义，是今天社会主义国家的无产阶级所肩负的特殊历史使命。由于社会主义首先在经济文化比较落后的国家取得胜利，社会主义事业不可避免地会产生一系列难度很大的新课题。

一、经济文化相对落后的国家可以先于发达资本主义国家进入社会主义的原因

革命的实践超越了马克思和恩格斯当年的预期，社会主义革命并未在最发达资本主义国家率先实现，而是在经济文化比较落后的俄国、中国以及其他经济文化相对落后的国家相继取得胜利。经济文化相对落后的国家率先进入社会主义，是历史发展规

律作用的结果。那种把首先在相对落后的国家取得社会主义胜利看作是"反常现象"，把实践中的社会主义看作是"畸形的早产儿"的观点是错误的。社会主义首先在经济文化相对落后的国家取得胜利的原因主要有以下两方面：

首先，经济文化相对落后的国家可以先于发达资本主义国家进入社会主义，是由革命的客观形势和条件所决定的。社会基本矛盾的解决，是通过革命实现的。无论是当时的俄国还是中国，劳动群众所受的多重压迫和剥削格外深重，使社会矛盾极其尖锐，出现了有利于革命的形势。反动统治阶级已经不可能照旧维持自己的统治，工人阶级和劳动群众也不能像以前那样生活。革命的主观条件也随之成熟，集中体现在马克思主义政党已能在马列主义的指导下，正确分析革命的客观条件和革命队伍本身的状况，把马列主义的普遍真理同本国革命的具体实践相结合，制定出正确的路线、方针和斗争策略，广泛发动和组织群众，运用各种斗争形式，直接发动武装起义，进行武装斗争，争取革命的胜利。

其次，经济文化相对落后的国家可以先于发达资本主义国家进入社会主义，并不违背生产关系一定要适合生产力状况的规律。从整个人类社会发展的历史进程来看，一定的社会形态总是建立在一定的生产力发展水平之上的，不可能出现先进的生产关系长期建立在落后的生产力的基础上，也不可能出现落后的生产关系能够长期容纳先进的生产力的现象。但是如果从社会历史发展的某个阶段来看，则又会出现参差不齐、相互交错的现象。生产力的发展决定生产关系的变革。但是在一定条件下，在不变更生产关系生产力就不能发展的情况下，生产关系的变更就成为主要的决定性的方面了。

列宁在批判俄国小资产阶级政论家苏汉诺夫关于"俄国生产力还没有发展到可以实行社会主义的高度"的观点时反问道："你们说，为了建立社会主义就需要文明，好极了，那么，我们为什么不能首先在我国为这种文明创造前提，如驱逐地主，驱逐俄国资本家，然后开始走向社会主义呢？你们在哪些书本上读到过，通常的历史顺序是不容许或不可能有这类改变的呢？"追溯历史，封建制取代奴隶制、资本主义社会取代封建社会，不难找到从不发达地方开始而非从最发达地方开始的例证。

二、经济文化相对落后的国家社会主义建设的艰巨性和长期性

社会主义在经济文化上落后于发达资本主义国家，其经济、政治和社会运行机制还来不及完善健全，难以充分展现他的巨大优越性和蓬勃生命。社会主义事业必然要经历一个曲折的过程，这是不以人的意志为转移的客观规律。这种历史形成的巨大差距不是短时期内可以消除的，这就对建设社会主义社会造成了多方面的影响和制约。

第一，生产力发展状况的制约。在一个相当长的历史时期内，社会主义国家在经济上落后于发达资本主义国家，有的甚至落后很远。生产力的落后使社会主义制度的优越性不可能得到全面的发挥，社会主义对资本主义世界的人民也必然缺少巨大的吸引力。不难设想，如果社会主义先在美国、英国那种发达资本主义国家取得胜利，整个世界发展的局面就会大不相同。在社会主义制度下，必须把大力发展生产力作为根本任务，努力完成别的国家在资本主义条件下实现的工业化和生产社会化、商品化、现代化的艰巨任务。完成这个任务，赶上和超过发达资本主义国家，无疑需要相当长时间的艰苦探索和奋斗。

第二，经济基础和上层建筑发展状况的制约。由于社会主义国家经济相对落后，资本主义国家较为丰富的物质生活和精神生活会使一部分群体盲目地崇拜西方世界，这就增加了社会主义国家思想政治工作的艰巨性。发展公有经济，改造小农经济，建立、巩固和完善社会主义的经济基础，成为无产阶级政权的一项十分艰巨的任务。社会主义首先在经济文化相对落后的国家胜利，必然会影响社会主义民主政治建设的进程。社会主义消灭了剥削阶级，就意味着实现了人类历史上最高的民主。但这并不意味着这种民主从一开始就达到了完善的形式。社会主义民主政治建设受到这些国家的经济、政治、文化条件的严重制约，建设好社会主义民主政治面临许多难题，将是一个长期的过程。在这一过程中，还要进一步消灭阶级和阶级差别，改变几千年形成的传统观念，建设社会主义的先进文化，实现真正的社会公正和平等，从而为人类最崇高的理想——共产主义社会准备充分的物质条件和精神条件，这同样需要经过长期艰苦的努力才能实现。

第三，国际环境的严峻挑战。由于社会主义首先在经济文化比较落后的国家胜利，又只能先在少数国家胜利，因而取得社会主义胜利的国家必然处于资本主义国家包围之中，受到资本主义列强的遏制和扼杀，面临异常严峻的国际环境。社会主义国家成立之初，国际资本主义对社会主义的进攻主要是武力方式。社会主义制度有了长足进步之后，进攻的方式则往往转变为以"和平演变"战略为主。目前来看，发达资本主义国家仍然比发展中的社会主义国家要强大得多。东欧剧变、苏联解体以后，世界社会主义处于低潮，国际资本主义则因为生产关系的局部调整、科技革命和在国际市场上攫取的巨额利润而获得了新的发展。所有这些，都使社会主义面临更大的挑战。社会主义不能闭关自守、坐以待毙，只有走改革开放之路，并尽可能地吸收资本主义的文明成果，避免资本主义发展所产生的两极分化和其他腐败现象。在这种敌强我弱的形势下，社会主义建设与发展将是长期的、艰巨的任务。

第四，马克思主义执政党对社会主义发展道路的探索和对社会主义建设规律的认识，需要长期的艰苦的过程。要使社会主义创造出比资本主义更高的生产力这种可能变成现实并非易事，只有人们能够充分认识和掌握规律才能加速社会主义进程。经济文化相对落后的国家试图建设完善的社会主义制度是不能够在极短期内完成的，拔苗助长的建设行为将危害社会主义的建设。共产党探索和认识社会主义建设规律必然是一个长期艰苦的过程，建设社会主义任重而道远。

第三节　社会主义在实践中的发展是曲折多样的

各国建设社会主义的道路经历了100多年的探索和发展，结合本国的基本国情，一些国家已经找到各自成功的道路，这就同时形成了多样的社会主义发展道路。各国不同的历史条件和现实情况，以及社会主义发展的实践性特征对社会主义道路多样性的发展起到了一定的决定性作用。革命胜利以后，选择何种发展道路，建设怎样的社会主义，仍然需要各国共产党人在坚持马克思主义基本立场和观点的基础上进行长期的曲折探索，社会主义的发展是前进性与曲折性相统一的过程。

一、社会主义发展道路的多样性

（一）社会主义发展道路多样性的原因

"一切民族都将走向社会主义，这是不可避免的，但是一切民族的走法却不完全一样。在民主的这种或那种形式上，在无产阶级专政的这种或那种形态上，在社会生活各方面的社会主义改造的速度上，每个民族都会有自己的特点。"这一段论述是列宁在谈到向社会主义的转变时指出的。列宁从历史唯物主义的高度结合了各民族发展道路的多样性、特殊性的深刻内涵，对我们正确认识社会主义建设和发展道路的多样性具有重要的指导意义。

从客观状况看，各个国家的具体国情千差万别，在经济、政治、文化、生态上都具有一定的差异，生产力发展水平的不同，无产阶级政党自身成熟程度的不同，阶级基础与群众基础的构成状况不同，革命传统不同以及历史和现实的、国内和国际的各种因素的交互作用，社会主义的发展道路必然呈现出多样性的特点。

第一，各个国家的生产力发展状况和社会发展阶段决定了社会主义发展道路具有不同的特点。从社会主义发展的实践中可以看出，生产力状况都相对落后的已取得胜利的社会主义国家之间也存在着较为明显的差别，各个国家必须根据本国国情制定与之相适应的社会主义发展战略，采取不同方式进行社会主义建设。

第二，历史文化传统的差异性是造成社会主义发展道路多样性的重要条件。马克思指出："人们自己创造自己的历史，但是他们并不是随心所欲地创造，并不是在他们自己选定的条件下创造，而是在直接碰到的、既定的、从过去继承下来的条件下创造。"各个民族从历史上继承下来的经济、政治、文化条件的不同，各国马克思主义者必须把科学社会主义的基本原理和本国民族特色相结合，在实践中走出一条切合本国实际的具有民族特色的社会主义建设和发展的道路。

第三，时代和实践的不断发展，是造成社会主义发展道路多样性的现实原因。社会主义随着时代和实践的不断发展而发展，即使同一个国家，在不同的历史时期，建设社会主义的具体做法也不可能一样。各个社会主义国家都应根据时代和实践发展的形式，选择适合本国国情的社会主义道路。这是社会主义制度保持生机活力、永远立于不败之地的根本保证。

社会主义发展道路的多样性是一个客观真理，但是认识这一真理的过程是曲折的，代价是沉重的。实践证明，坚持社会主义，不等于坚持某种单一的社会主义模式；改革或抛弃某种社会主义模式，不等于改掉或抛弃社会主义；某种社会主义模式的失败，也不等于整个社会主义事业的失败。

（二）无产阶级政党是如何探索适合本国国情的社会主义发展道路的

探索适合本国国情的社会主义发展道路是无产阶级政党必须领导全国人民为之奋斗的神圣使命和光荣任务，必须坚持科学的思想和方法。

第一，探索社会主义发展道路，必须坚持马克思主义的科学态度。恩格斯在评论《资本论》第一卷出版时说过："一些读者可能会以为他从这本书里可以知道共产主义的千年王国看来到底是什么样子。谁期望得到这种愉快，谁就大错特错了。"马克思和恩格斯对未来新社会的设想所采取的科学态度和研究新社会制度的思想方法，对于在新的历史条件下探索社会主义的发展道路，具有重要的指导意义。坚持以马克思主义为指导，最重要的是坚持马克思主义对于研究未来社会制度的科学方法。

第二，探索社会主义发展道路，必须以当时当地的历史条件为转移，坚持"走自己的路"。从本国实际出发，走自己的路，是社会主义历史经验的总结，是马克思主义的一条基本原则。在把社会主义由理想变成现实的过程中，列宁尤其强调各国共产党人独立探讨马克思主义理论的重要性。他指出："我们决不把马克思主义理论看作某种一成不变的和神圣不可侵犯的东西；恰恰相反，我们深信：它只是给一种科学奠定了基础。社会党人如果不愿意落后于实际生活，就应当在各方面把这门科学推向前进……因为它所提出的只是总的指导原理，而这些原理的应用具体地说，在英国不同于法国，在法国不同于德国，在德国又不同于俄国。"各国的国情不同，情况又在不断地变化，因此，马克思主义基本原理在不同时期、不同国度的实践也应该不同。"什么是社会主义、怎样建设社会主义"，是社会主义国家的执政党和当代马克思主义者面临的一个根本问题。对这一根本问题，只有坚持从本国实际出发、走自己的路，才能作出正确的回答。

第三，探索社会主义发展道路，必须充分吸收人类一切文明成果。社会主义要想取得优势，就必须大胆吸收和借鉴人类社会创造的一切文明成果，包括各个国家各个阶级的一切反映现代化生产规律的科学的先进的经营方式和管理方法。闭关自守的行为必然导致发展落后，但借鉴一定要结合本国的实际。苏联的社会主义模式曾经被神圣化、凝固化，以至于长期束缚了人们的思想，导致了严重的后果，照搬照抄是不会取得成功的，这是在历史长期实践中得出的真理。

二、社会主义实践探索的曲折过程

（一）社会主义在曲折中发展的历史因素

二十世纪社会主义从理想变成现实，从一国实践发展为多国实践，从改革浪潮迭起到局部严重受挫，从苏东剧变解体到中国一枝独秀，经历了一段复杂曲折的过程。列宁在十月革命后多次指出："我们的革命是开始容易，继续比较困难，而西欧的革命是开始困难，继续比较容易。"面对社会主义在发展中遇到的这些挫折，我们必须用辩证唯物主义和历史唯物主义的科学态度来正确分析社会主义曲折发展的原因，回答这些疑问与迷惑，进而坚定社会主义信念。列宁还指出："设想世界历史会一帆风顺、按部就班地向前发展，不会有时出现大幅度的跃退，那是不辩证的，不科学的，在理论上是不正确的。"社会主义在曲折中发展是由以下因素决定的。

1. 社会主义作为新生事物，其成长不会一帆风顺。社会主义的产生和成长，意味着对资本主义旧社会的否定。但是由于无产阶级不曾掌握任何生产资料，社会主义生产关系无从在资本主义社会里得到发展，而资本主义生产关系却发展了几百年，整个私有制关系则发展了数千年。私有制的经济、政治、文化已经形成一种非常庞大的根深蒂固的存在。它们支配着社会生活的各个领域，影响到包括无产阶级在内的所有人们的思维方式、行为方式。社会主义国家力量相对弱小，社会主义要代替资本主义，不但要同传统所有制关系进行最彻底的决裂，而且要同传统观念进行最彻底的决裂。所有这一切，决定了社会主义和资本主义的斗争是不会停止甚至是相当激烈的。

2. 社会主义社会的基本矛盾推动社会发展，是作为一个过程而展开的，人们对它的认识也有一个逐渐发展的过程。社会主义的基本矛盾推动社会发展，体现了生产关系一定要适应生产力的发展要求，上层建筑一定要适应经济基础状况的规律。工人阶级及其政党在领导广大人民群众建设社会主义的过程中，由于受主观和客观条件的限制，对社会主义社会基本矛盾运动的规律和社会主义建设规律的认识有一个过程。只有尊重社会主义发展的客观规律，在实践中自觉地运用规律，及时研究新情况，有效解决前进中出现的矛盾和问题，社会主义事业才能够顺利地向前发展。

3. 经济全球化对于社会主义的发展既有机遇又有挑战。科学社会主义理论与实践不仅面临着来自资本主义各个方面的严峻挑战，同时，也面临着自身发展的重大机遇。经济全球化是当代世界经济的重要特征之一，也是世界经济发展的重要趋势，经济全球化的发展为社会主义国家提出了重大挑战和难得的机遇。在西方发达的资本主义国家，他们在资金、技术、人才、管理等方面都占有优势，而对于无论是在经济实力还是科技水平都相对比较落后的发展中国家来说，经济全球化是一柄双刃剑，在全球性的激烈竞争中，所遇到的风险和挑战将是更加严峻的。社会主义国家参与国家交往，只能是一个把握机遇、趋利避害、因势利导、曲折前进的过程。

（二）社会主义在自我发展和完善中走向辉煌

社会主义在曲折中持续前进是任何力量都无法扭转的历史趋势。这是因为，社会主义制度能够从根本上克服生产资料的资本主义私有制对生产力发展的束缚，为生产力的发展提供广阔的前景；社会主义符合广大人民的利益和愿望，能够得到人民的拥护和支持；社会主义能够在改革中不断实现自我发展和自我完善。社会主义改革根源于社会主义社会的基本矛盾，是社会主义基本矛盾运动发展的内在要求。就中国而言，人民日益增长的物质文化需要同落后的社会生产之间的矛盾仍然是社会的主要矛盾。改革就是克服这些矛盾的最有效途径。

社会主义如何进行改革？在不断的实践和发展中得到如下启示：

第一，要坚持正确的理论指导。马克思主义是我们认识世界和改造世界的强大思想武器，是指导我们进行革命、建设和改革的行动指南。要坚持理论与实践相结合的原则，将马克思主义基本原理与中国社会主义实践相结合，不断研究新情况，解决新问题，得出创造性的科学结论，从而推动社会主义事业的发展，在实践中不断丰富和发展马克思主义。

第二，要坚持改革的正确方向。改革是社会主义制度的自我完善和发展，是在坚持社会主义基本制度的前提下，自觉调整和改革生产关系同生产力、上层建筑同经济基础不相适应的方面和环节，促进生产力发展和各项事业全面进步，目的是更好地实现最广大人民群众的利益。因此，改革必须始终坚持社会主义方向。

第三，要选择正确的改革方式和步骤。社会主义改革没有也不应该有统一固定的模式，要坚持马克思主义的实践是检验真理唯一标准的观点，解放思想，实事求是，一切从实际出发，尊重群众的首创精神，大胆地实验和探索，并不断总结改革进程中的经验教训，不断前进和创新。

第四，要妥善处理改革、发展与稳定的关系。社会主义改革的根本目的是解放生产力和发展生产力，提高人民的物质文化生活水平。要妥善处理改革、发展与稳定的关系，坚持统筹兼顾，协调好改革进程中的各种利益关系。坚持以人为本，促进经济社会和人的全面发展，建设社会主义和谐社会。马克思主义经典作家关于未来社会的科学设想，已为我们指明了构建社会主义和谐社会的前进方向。

社会主义的曲折发展同时给我们以深刻启示：必须始终坚持社会主义不动摇；必须用科学的态度对待马克思主义；必须不断加强和改善党的领导；必须对西方敌对势力"西化"、"分化"的战略图谋保持高度警觉。

江泽民同志指出："历史经验反复证明，低潮孕育着高潮，从国际共产主义运动的发展来看，低潮将预示着马克思主义的新发展，预示着社会主义的新胜利。"我们要站在时代和历史规律的高度，从客观上认识社会主义发展的历史趋势，认识社会主义代替资本主义的必然性，坚定走建设有中国特色社会主义道路的信念。我们要在新的历史条件下，把马列主义、毛泽东思想基本原理同中国社会主义现代化建设的具体实际更好地结合起来，不断地研究新情况，解决新问题，从而把马列主义、毛泽东思想推向前进，以新鲜的经验丰富它，使它保持旺盛的生命力。这是我们中国共产党人对待马克思主义、列宁主义、毛泽东思想的根本态度，也是我们中国共产党人不可推卸的历史职责。

中国改革开放的伟大历程和辉煌成就充分说明，实践永无止境，探索和创新也永无止境。中国未来的发展也必须靠改革开放，而要取得社会主义改革的成功，必须坚持改革的正确方向，坚持把马克思主义基本原理同本国具体实际相结合，探索适合本国实际、具有本国特色的社会主义发展道路。

第四章

社会主义事业永恒的旗帜——马克思主义政党

马克思主义政党是指在社会主义国家代表工人阶级执掌国家政权的共产党。由共产党的性质和社会主义国家的性质决定，同时也是由社会主义国家历史发展所决定，社会主义国家的执政党只能是马克思主义政党。

第一节　马克思主义政党的属性特征

一、马克思主义政党是工人运动与科学社会主义理论结合的产物

马克思主义政党的产生需要两个条件：一是工人运动的发

展，二是科学社会主义理论的传播。前者是马克思主义政党产生的阶级基础，后者是马克思主义政党产生的思想基础。以上二者相结合，才会有马克思主义政党的诞生。

马克思主义政党是工人阶级或无产阶级反对资产阶级的斗争发展到一定程度和一定阶段的必然产物。马克思和恩格斯曾在《共产党宣言》中论述过建立无产阶级政党的重要性和必然性。在1848年革命失败后，各国的党组织和党的机关报刊大都被暴力的铁腕所摧毁。在工人运动重新高涨时，他们又重申了建立无产阶级政党的重要性及无产阶级政党的指导思想和组织原则。马克思认为，工人阶级要想作为一个阶级行动，就必须建立自己独立的政党。马克思指出，"无产阶级在反对有产阶级联合力量的斗争中，只有把自身组织成为与有产阶级建立的一切旧政党不同的、相对立的政党，才能作为一个阶级来行动。为保证社会革命获得胜利和实现革命的最高目标——消灭阶级，无产阶级这样组织成为政党是必要的。"同时，马克思还在《国际工人协会成立宣言》中指出，"工人们所具备的一个成功因素就是人数众多，但是只有当群众组织起来并为知识所指导时，人数众多才能起决定胜负的作用。"

工人运动是资本主义基本矛盾发展到一定程度所导致的必然结果。马克思曾提出："1848年到1864年这个时期的经验毫无疑问地证明，不管合作劳动在原则上多么优越，在实际上多么有利，只要它仍然限于个别工人的偶然努力的狭隘范围，就始终既不能阻止垄断势力按照几何级数增长，也不能解放群众，"资产阶级总是要破坏工人阶级的解放事业，"总是要利用他们的政治特权来维护和永久保持他们的经济垄断的。"由此，马克思认为，"夺取政权已成为工人阶级的伟大使命。"

工人运动的理论表现即是科学社会主义。马克思在总结工人运动经验的基础上实现了世界观的根本转变，并创立了科学社会主义理论。1847年，马克思将工人运动与科学社会主义理论相结合，建立了第一个国际性的党组织——共产主义者同盟。1869年，第一个国家内的马克思主义政党——德国社会民主工党建立。1898年，一个与第二国际各党完全不同的新型的马克思主义政党——俄国布尔什维克党，在列宁将俄国工人运动与马克思主义理论相结合的基础上建立。1921年，在中国工人运动与马克思列宁主义相结合的前提下，在俄国布尔什维克党的影响下，伟大的中国共产党诞生了。

马克思主义与工人运动密不可分，这是由工人运动的特点和马克思主义的特性决定的。一方面，工人运动只有在马克思主义的指导下才能得到健康、蓬勃的发展；另一方面，马克思主义只有与工人运动结合在一起才能发挥出改造世界的巨大作用，才能获得进一步的丰富和发展。《共产党宣言》的发表不仅标志着科学社会主义理论体系的形成，而且也是马克思主义与工人运动初步结合的产物。在以后的革命实践和理论发展中，这种结合日益明显。马克思主义与工人运动相结合始终是马克思和恩格斯关注的根本问题。

二、马克思主义政党是工人阶级的先锋队

马克思主义政党是工人阶级的先锋队，是在马克思主义指导下为实现共产主义而奋斗的党，它明确指出了马克思主义政党的阶级性和先进性。

社会主义革命和社会主义建设，是崇高而伟大的事业，是需要无产阶级长期奋斗的事业，也是需要动员广大人民群众参与的事业。完成这一伟大的事业，需要在思想、政治和组织方面强有力的领导。无产阶级政党是按照民主集中制原则组织起来的、以科学理论为指导，能够结合实际条件制定正确的路线、方针、政策的党，是能够组织、动员人民群众的党，是社会主义革命和社会主义建设的领导核心，是实现工人阶级历史使命的根本保证。无论任何时期，无产阶级事业都不能离开马克思主义政党的领导。

先进性是马克思主义政党的本质属性，是马克思主义政党的生命所系，力量所在。保持马克思主义政党的先进性是马克思主义政党自身建设的根本任务和永恒主题。只有加强党的先进性建设，才能保持党的无产阶级先锋队性质，保证党始终与时代发展同步伐，保证党始终与人民群众共命运，使党的理论和路线方针

政策不断与时俱进，使党的全部工作始终符合实际和社会发展规律，保证党始终引领社会发展进步，具有蓬勃生机和旺盛活力。

马克思主义政党是由工人阶级先进分子组成的。工人阶级是先进生产力的代表。工人阶级即现代无产阶级是随着大工业的兴起而出现的一个阶级，是最先进最革命的阶级，是社会主义革命的领导阶级。它肩负着推翻资产阶级统治、建立社会主义制度并最终实现共产主义的历史使命。

马克思主义政党是由工人阶级构成的，这并不是说马克思主义政党不吸收来自其他阶级阶层的先进分子入党。相反，随着马克思主义政党的日益强盛，繁荣发展，越来越多的其他阶级成员加入到组织中来，为马克思主义政党注入了新鲜血液，为党的发展前进做出了重大贡献。列宁指出过："确定一个党是不是真正工人的政党，不仅要看它是不是由工人组成的，而且要看它是由什么人领导以及它的行动和政治策略的内容如何。只有根据后者，才能确定这个党是不是真正无产阶级的政党。"（《列宁全集》第39卷第246页）历史经验证明，列宁的论断是完全正确的。只要以马克思主义为指导思想，坚持工人阶级的立场，一切从工人阶级和最广大人民群众的根本利益出发，坚持符合工人阶级和最广大人民群众根本利益的纲领和路线，即使党内的工人成分不占多数，也可以建设成为工人阶级的先锋队。

马克思主义政党由工人阶级构成，以工人阶级为基础，也并不是说它就仅仅是工人阶级本身。党应由工人阶级先进分子所组成，这是马克思主义建党学说的一个重要原则。马克思、恩格斯在《共产党宣言》中明确指出，共产党人是工人阶级中最坚决的、始终推动运动前进的部分。列宁也指出："党是阶级的先进觉悟阶层，是阶级的先锋队。"（《列宁全集》第24卷第38页）这表明，党同工人阶级之间是既有联系又有区别的，党是工人阶级的先进组织，而不是工人阶级的一般阶级组织。如果把党降低到工人阶级的一般阶级组织，把共产党员降低到普通工人群众的水平，实际上就是否定了党的先进性。

三、马克思主义政党为共产主义事业而奋斗

马克思主义政党作为无产阶级的政党是工人阶级的先锋队，是无产阶级根本利益的自觉代表者。马克思主义是工人阶级的科学世界观，也是马克思主义政党的指导思想。《共产党宣言》中明确宣告，"共产党人不是同其他工人政党相对立的特殊政党。他们没有任何同整个无产阶级的利益不同的利益，他们不提出任何特殊的原则，用以塑造无产阶级的运动。共产党人同其他无产阶级不同的地方只是：一方面，在无产者不同的民族的斗争中，共产党人强调和坚持整个无产阶级共同的不分民族的利益；另一方面，在无产阶级和资产阶级的斗争所经历的各个发展阶段上，共产党始终代表整个运动的利益。"只有马克思主义指导的共产

党，才是代表阶级整体利益与长远利益的先进政党。

《共产党宣言》指出，"实现全人类解放，建立共产主义，要做到这点，首先就要使无产阶级上升为统治阶级，进而消灭私有制，解放和发展生产力，实现共同富裕。"可见，马克思主义不仅充分肯定了追求共同富裕是人类的理想和根本的价值追求，而且探索到了一条真正实现这一根本价值追求的现实道路——解放生产力，发展生产力。

列宁说，"一个政党如果没有纲领，就不可能成为政治上比较完整的、善于在任何转折时期始终坚持自己的路线的有机体。而正确的战略和策略是实现党的纲领的保证，是实现正确的政治领导的保证。"共产主义在马克思主义指导下，制定了鲜明的政治纲领。马克思主义政党是具有明确的政治纲领的党，是为共产主义事业奋斗的政党。在全世界实现共产主义的社会制度是马克思主义政党的最终目的。马克思和恩格斯在《共产党宣言》中明确地指出，"代替那存在着阶级和阶级对立的资产阶级旧社会的，将是这样一个联合体，在那里，每个人的自由发展是一切人的自由发展的条件。"共产党以实现共产主义为最终目标。

四、马克思主义政党的根本宗旨是为人民群众谋利益

马克思主义政党代表着最广大人民群众的根本利益，以服

务人民群众、为人民群众谋利益作为自己的根本宗旨。马克思在《共产党宣言》中提出，"过去一切运动都是少数人或者为少数人谋利益的运动。无产阶级的运动是绝大多数人为绝大多数人谋利益的独立的运动。"从事这种运动，是要彻底改变"工人没有祖国"的状况，是要彻底改变人民利益没有保障的状况。

共产党人之所以不懈地追求共产主义理想，是因为这个理想是工人阶级和广大劳动群众根本利益在奋斗目的上的最高体现，是因为这个理想是工人阶级解放与全人类解放的统一。为实现共产主义而奋斗的根本目的与为人民群众谋利益的根本宗旨是完全一致的。共产党人的一切奋斗与工作，都是全心全意为人民谋利益。始终代表最广大人民群众的根本利益，是无产阶级政党的本质特征和宗旨，是无产阶级政党区别于其他政党的显著标志。共产党除了最广大人民的根本利益，没有任何自己的特殊利益。马克思主义政党的理论、纲领和党所制定的路线、方针、政策，都集中反映和体现了最广大人民群众的根本利益。正是由于始终代表了最广大人民群众的根本利益，坚持不懈地为人民谋利益，无产阶级政党才成为革命和建设事业的领导核心，得到了人民的衷心拥护和爱戴。由于共产党紧紧围绕人民利益的根本要求，制定了一整套有助于实现人民利益的路线、方针、政策，在较短的时间内使生产力高度发展，综合国力快速增强，人民群众的根本利益得到了实际保障，各社会主义国家的共产党才赢得了人民的衷心拥护和支持。相反，执政党若不关注人民利益，不能更好地代表人民利益，就要失去人民的支持，就要亡党、亡国。因此，从风风雨雨中走过来的马克思主义政党要立于不败之地，一个最根本的法宝就是要始终如一地、更好地坚持党的宗旨，全心全意为人民谋利益。

同时，马克思主义政党是一个在改正缺点和错误的过程中不断前进的党。恩格斯说，勇于自我批评，是马克思主义政党具有"内在力量"的标志。为了实现人民的利益，马克思主义政党不仅欢迎人民的批评和监督，而且随时进行自我批评。

五、马克思主义政党民主集中制的组织原则

民主集中制是无产阶级政党和社会主义国家机构的根本组织原则和领导制度，它的基本含义是民主基础上的集中和集中指导下的民主相结合。在民主集中制中，民主与集中是辩证统一的关系，民主是集中的前提和基础，集中是民主的指导和结果。对无产阶级政党来说，民主集中制既是党的根本组织原则，也是群众路线在党的生活中的具体运用。坚持民主集中制的基本要求与目标，就是要在党内努力造成又有集中又有民主，又有纪律又有自由，又有统一意志又有个人心情舒畅、生动活泼的政治局面。通过发展党内民主，积极推动人民民主的发展。

马克思主义政党即是按照民主集中制原则组织起来的团结

统一的党。马克思主义政党要求充分发扬党内民主，健全民主制度，保障党章规定的党的组织和党员的民主权利，使各级党组织和广大党员朝气蓬勃，以自己的积极性和创造性贡献于党的事业，并有效地监督党的干部特别是领导干部。在充分发扬民主的基础上，还要实行正确的集中，使全党在思想上、政治上保持统一，在行动上做到步调一致。从利益关系的角度来说，民主集中制是权利与义务的关系。它要求统筹兼顾，使个人利益与集体利益相统一。在维护个人合理利益的基础上，做到个人利益服从集体利益、局部利益服从整体利益、暂时利益服从长远利益。如果把民主与集中割裂开来，只讲集中，不讲民主，就必然出现个人独断专行，官僚主义滋长；反之，如果只讲民主，不讲集中，又会出现极端民主化以及无政府状态。因此，马克思主义政党既是团结统一的政党，同时也是有严格纪律的政党。

马克思主义政党的理论中，一个基本的原则就是实现党组织的团结统一。马克思在总结第一国际经验时指出："第一国际的一个基本原则——团结。如果我们能够在一切国家的一切工人中间牢牢地巩固这个富有生气的原则，我们就一定会达到我们所向往的伟大目标。"马克思、恩格斯在《共产党宣言》中也曾发出"全世界无产者联合起来"的伟大号召，强调了工人阶级政党的革命团结对无产阶级革命胜利的重要意义。列宁在取得苏联革命胜利之后也强调"特别需要保持党的队伍的统一和团结，保证党员互相之间的完全信任，保证在工作中真正齐心协力，真正体现无产阶级先锋队的意志的统一"。二十世纪八十年代末九十年代初，苏联、东欧社会主义国家共产党纷纷丧失政权，轰轰烈烈的国际共产主义运动跌入了最低谷。苏东局势剧变的原因是什么？我们可以总结出很多原因，但有一点是普遍性和根本性的，那就是这些国家执政党没有解决好团结统一问题，政党内部出现了严重分裂。

马克思主义政党是团结统一的党。建设团结和谐的马克思主义执政党是巩固执政地位、完成执政使命、实现全面建设小康社会目标、维护世界和平、完成祖国统一大业的需要。实现党的团结和谐，要加强党内民主建设，持续开展先进性教育，深入开展反腐败斗争，同时要与破坏团结的现象作坚决斗争。党的团结统一有坚实的基础，这就是共同的阶级基础、共同的指导思想和共同的奋斗目标。党的团结必须建立在马克思主义原则的基础上，也就是在坚持正确的思想、政治和组织原则的前提下，党才能达到真正的团结和真正的集中统一。列宁提出："无产阶级政党的团结统一不是无原则的团结和表面形式的虚假统一，而必须完全站在马克思主义理论的基础上。"党的基本纲领和基本路线是全党团结统一的政治基础。党的团结以什么为根本目标，这事关组织的集中统一的性质和方向。从政治上讲，全党在纲领和路线上的一致，就是全党团结统一的最高政治目标。如果没有对党的基本纲领和基本路线的认同一致，全党就失去了共同的奋斗目标和行为准则，因而就难以达到牢固的团结和真正的集中统一。只要有了这样的共同基础，党内出现的某些错误观点也可以在实践学习，批评与自我批评的过程中摒除，最终达到党内的思想一致和统一。

无规矩不成方圆。任何一个成熟的组织都必须要有配套完善的制度和纪律，这样才有利于组织的长久持续发展。党既然是一个有严密组织的工人阶级先进队伍，就必须有严格的组织纪律。这也是保证党团结统一和步调一致的重要条件。无产阶级政党必须有严格的纪律，才能使自己的组织成为一个集中的、具有坚强战斗力的有机整体，才能领导本阶级和广大劳动群众完成自己的历史使命。马克思和恩格斯在共产主义者同盟建立时，就规定了明确的纪律："凡违背同盟章程者，视情节轻重给予纪律处分直至开除同盟。"马克思在1859年写给恩格斯的信中也曾指出："我们现在必须绝对保持党的纪律，否则将一事无成。"列宁在总结俄国革命和建设的经验时提出："无产阶级的无条件的集中制和极严格的纪律，是战胜资产阶级的基本条件之一"，"如果没有一个因为本身具有团结性和铁的纪律而强有力的党，要争得和保持无产阶级专政是不可能的"。由此可见严格的纪律对一个政党意味着什么。

马克思主义政党是一个有严格纪律的党。有无铁的纪律是马克思主义政党与其他政党的根本区别之一。列宁在为建立俄国社会民主工党而进行的斗争中，以及在俄国社会民主工党形成以后，始终为维护党的铁的纪律同经济派、崩得分子等进行了长期的斗争。从而使俄国社会民主工党建立在马克思主义关于建党理论的基本组织原理之上，维护了俄国社会民主工党的纯洁性，维护了俄国社会民主工党的团结和统一，使俄国工人阶级和劳动群众反对沙皇专制统治的斗争揭开了新的历史篇章，最终走上了胜利之路。正是因为马克思主义政党有自己铁打的纪律，才有了党勇往直前坚定不移的前进脚步，才有了党一次又一次的伟大胜利。

第二节　马克思主义政党的社会主义历史地位

马克思主义政党是社会主义事业的领导核心。马克思主义政党的领导地位是经过长期斗争考验形成的，是历史的必然，人民的选择，是社会主义建设的需要。共产党之所以当之无愧地居于领导地位，拥有执政的地位和权力，归根结底是因为马克思主义政党是为人民群众谋利益的党。工人阶级实现自己的历史使命，必须有马克思主义政党的坚强领导。

第一，马克思主义政党的领导地位是在长期的革命和发展中形成的，是社会主义革命的领导核心。在思想方面，社会主革命要有正确思想的指导，要在正确思想路线的指引下进行广泛的思想动员，要用科学社会主义的理论武装群众，这些任务都要由马克思主义政党来承担。社会主义革命若想不失时机地发动起来，并且坚持发展下去，最终能够取得胜利，就必须有马克思主义政党的思想领导。马克思主义政党以科学的革命理论为指导，并结合实际条件对广大群众进行革命的宣传，使他们认识到自身的根本利益，起来进行革命斗争。没有马克思主义政党在人民群众中进行的有效的思想宣传和教育工作，社会主义革命是难以广泛发动并取得最终胜利的。在政治方面，当革命的形势到来时，必须审时度势，提出符合实际要求的斗争目的，制定正确的战略、策略和行动步骤。在革命形势发展迅速、变化错综复杂的情况下要能正确地判断形势，为工人阶级和劳动群众指出明确的方向。马克思主义政党能够把握社会主义革命斗争的全局，制定和提出符合实际要求的斗争目的和步骤。在形势发展非常迅速、局面又十分复杂的情况下，尤其需要由党来正确地判断形势，为革命斗争及时指出明确的方向和要求。马克思主义政党由于集中了阶级中的先进分子，特别是党的领导集体又经过理论与实践的锻炼而总结了丰富的经验，因而能够正确把握斗争形势，带领群众向前迈进。在组织方面，马克思主义政党本身就是一个组织严密、有纪律、能战斗的新型政党。在革命中通过党组织把广大工人阶级和革命群众动员和组织起来，形成一支宏大的革命队伍，才能同资产阶级的统治进行有效的抗争。特别是在革命的武装斗争中，必须有马克思主义政党对革命队伍的绝对领导，才能保证人民军队的政治性质，才能最大限度地发挥军队在斗争中的作用。

第二，马克思主义政党的领导是社会主义建设取得胜利的根本保证，是社会主义建设的领导核心。夺取政权需要党的领导，社会主义现代化建设事业同样必须有党的领导。因为，党的领导本来就是社会主义的题中应有之义，二者不能分开。在无产阶级革命事业发展的整个过程中，包括在革命发展的各个阶段上，都需要党的领导。思想方面，社会主义建设中需要不断探索，把马克思主义基本原理同本国建设的具体实践相结合。以马克思主义为指导是社会主义国家的重要特征。马克思主义政党能够在科学理论指导下，总结经验，探索创新，结合本国的建设实际，集中人民群众的智慧，在实践中不断推进理论创新，形成并不断丰富和发展指导社会主义建设事业的正确理论，为社会主义国家各项事业提供思想指导、精神动力和智力支持，为社会主义事业添砖加瓦。政治方面，在社会主义社会中，各行各业都是社会主义建设的一部分，都需要有马克思主义政党的政治领导。作为社会主义国家执政党的马克思主义政党，在社会主义民主政治建设和政治体制改革中，在对社会各项事业进行政治领导的实践中，党都起到了政治领导核心的作用。只有坚持马克思主义政党正确的政治领导，才能排除各种阻力，保证社会主义建设沿着正确方向前进。组织方面，社会主义建设是全体人民的共同事业，要在执政党的领导下，有组织、有系统、有管理、有秩序地进行。要进行大规模的社会主义建设，就不能没有马克思主义政党的组织领导。党领导人民，通过各种组织形式，把党的路线、方针、政策贯彻到社会实践的各个方面，以实现党对社会主义建设的组织领导。

第五章

中国特色社会主义理论的发展

中国特色社会主义理论体系是马克思主义中国化的最新成果，是对马克思列宁主义、毛泽东思想的继承和发展。中国共产党依据毛泽东倡导的马克思主义普遍真理同中国具体实际相结合的原则，总结长期探索所积累的经验，建设具有中国特色的社会主义理论。

第一节　科学社会主义在中国的传播

科学社会主义在中国的传播是与中国人民革命斗争的历史紧密联系的，必须把它放到整个国际环境和国内历史的长河中进行学习和分析。

1840年，鸦片战争的大炮轰开了中国的大门，伴同西方列强的侵略，先进的资本主义文化输入中国，欧洲科学社会主义也随之而来。一部分中国先进分子开始在国内介绍宣传社会主义学说。在异常强大的帝国主义侵略势力同根深蒂固的中国封建顽固势力的联合统治下，以洪秀全、康有为、严复和孙中山为代表的向西方寻找真理的一派先进人物，想通过学习西方文化拯救灾难深重的中国，都使用已过时而腐朽的西方资产阶级民主主义为武器，最终均以失败告终。

毛泽东曾指出："资产阶级民主主义在旧民主主义革命时期，有同中国封建思想作斗争的革命作用，可是，因为中国资产阶级的无力和世界已经进到帝国主义时代，这种资产阶级思想只能上阵打几个回合，就被外国帝国主义的奴化思想和中国封建主义的复古思想的反动同盟所打退了。被这个思想上的反动同盟军稍稍一反攻，所谓新学，就偃旗息鼓，宣告退却，失了灵魂，而只剩下它的躯壳了。"为此，毛泽东作出了如下结论："在'五四'以后，这个阶级的文化思想却比它的政治上的东西还要落后，就绝无领导作用"，从而指明了科学社会主义在中国传播并成为革命指导思想的历史必然性。然而科学社会主义在中国的传播相较于资本主义发达国家有着更大的阻力。

一、马克思主义在中国传播过程中的三次论战

十九世纪末二十世纪初，社会主义学说只是作为一种思潮开始传入中国。当时由于种种条件的限制，接触社会主义，并从事社会主义学说介绍的只是极少数的知识分子和其他人物，社会主义还没有被广泛地传播，先进的中国人对社会主义还不甚了解。1905年—1907年革命派与改良派之间展开了一场论战。论战的中心问题是要不要实行暴力革命推翻清政府，建立一个民主共和的国家。然而，改良派反对的主要反革命暴力集团历来是无法阻止社会新思潮传播的，能严重阻挠科学社会主义传播的则是资产阶级反共思潮。因此，资产阶级改良主义代表胡适首先跳出来向马克思主义挑战。胡适凭借杜威讲演所造成的声势，于1919年7月，在李大钊《我的马克思主义观》一文发表两个月后，抛出了《多研究些问题，少谈些主义》一文，直接地、正式地向马克思主义挑起了"问题与主义"之争。这就是社会主义与反社会主义在中国的第一次论战。当时统治中国的是顽固推行专制独裁的北洋军阀，它不允许人民有任何的民主，拒绝作任何的改良。所以，严酷的现实使胡适所鼓吹的社会改良主义，很快就被李大钊等人所击败。李大钊于1920年1月发表的《由经济上解释中国近代思想变动的原因》，明确地回答：科学社会主义在中国的传播不是以任何人的主观愿望为转移的，而是中国社会历史发展的必然结果。

这篇文章表现了中国早期社会主义者同资产阶级改良主义者的根本对立。它的发表，标志着"问题与主义"之争的基本结束。

继"问题与主义"论战之后，以梁启超、张东荪为代表的研究系政客向科学社会主义发动了新的进攻。1920年10月，基尔特社会主义（社会改良主义之一）的创始人之一罗素被请到中国。罗素在中国各地进行讲演，恶毒攻击十月革命和无产阶级专政，大力宣传基尔特社会主义，狂热鼓吹"和平长入社会主义"。张东荪陪同罗素到湖南讲演回到上海后，立即以罗素的讲演为"经典"依据发表了《由内地旅行而得之又一教训》，称中国的出路不是社会主义，而是发展资本主义，由此正式挑起了"社会主义问题"的论战。1919年—1921年关于社会主义的论战，是不同阶层的知识分子的各种探索的反映，也是科学社会主义在斗争中得到传播的生动写照。当时对科学社会主义有着不同的态度、不同的观点，产生分歧，进行论战是必然的。资产阶级改良派妄图阻止科学社会主义的传播，遭到了共产主义知识分子和其他赞成社会主义的人们的驳斥。一切共产主义知识分子认为中国的前途只能是社会主义，也只有社会主义才能使中国富强。

通过"问题与主义"之争和"社会主义问题"的论战，科学社会主义在中国获得了迅速的传播，不仅《共产党宣言》等一批重要的马列主义经典著作的中译本陆续出版发行，而且马列主义的普遍真理日益同中国工人运动相结合。这样，也就有效地帮助中国早期共产主义者对无政府主义思潮的批判，使得在当时中国社会新思潮中占据优势的无政府主义逐渐地被许多革命者所抛弃。"问题与主义"的争论，"社会主义问题"的论战与"无政府主义的论战"，被称为马克思主义在中国传播过程中的三次论战，它极大推动了社会主义学说的传播。科学社会主义终于成了中国社会思潮的主流，并从一种社会政治思潮发展成为了强大的政治运动。中国共产党的诞生和中国第一次工人运动高潮的掀起，就是这个时期社会主义思潮战胜反社会主义思潮的伟大成果。但在当时的历史条件下，还不可能阐明中国革命的性质和步骤，科学社会主义的原理也还没有同中国革命的实际结合起来。中国共产党成立后，在有组织地更加广泛地传播社会主义学说的基础上，才逐步把马克思主义普遍真理同中国的具体实际结合起来，探索社会主义在中国的实践道路。

二、科学社会主义在全国广泛而深入的传播

列宁指出："马克思的学说直接为教育和组织现代社会的先进阶级服务，指出这一阶级的任务，并且证明当前的制度由于经济的发展必然要被新的制度所代替，因此这一学说在其生命的途程中每走一步都得经过战斗，这就不足为奇了。"当马克思主义同中国工人运动相结合，中国共产主义运动蓬勃兴起之后，反社会主义势力又立即纠集在国民党右派的旗帜之下，向科学社会主

义发起了比过去更加猛烈的攻势。1924年1月，孙中山召集了国民党"一大"，决定实行"联俄、联共、扶助农工"三大政策，并把旧三民主义发展成为新三民主义，这是孙中山在科学社会主义影响下顺应时代潮流而前进的集中表现。可是，孙中山逝世不到半年，国民党右派的反共活动就猖獗起来了。为了适应国民党右派反共的需要，国共合作后曾被推选为国民党中央宣传部长的戴季陶竟以资产阶级右派理论权威的面目出现，连续出了《国民革命与中国国民党》、《孙文主义之哲学的基础》等反共小册子，形成了戴季陶主义。他猖狂攻击科学社会主义，尤其集中攻击马克思主义关于阶级斗争的学说，为此，中国共产主义者迅速地开展了批判戴季陶主义的理论斗争。共产主义者发表的一系列理论文章，把戴季陶主义批驳得体无完肤。

批判戴季陶主义和国家主义的论战，大大地促进了科学社会主义的传播，进一步地扩大了社会主义的思想阵地。至1927年夏天，中国共产党已建立了四个出版机构，出版或重印了《共产党宣言》、《哥达纲领批判》、《雇佣劳动与资本》、《工资、价格和利润》等马列主义经典著作的全书以及《家庭、私有制和国家的起源》和其他马列主义经典著作的部分译文。共产主义思想运动的高涨，迎来了国民革命的高潮，从而推翻了穷凶极恶的北洋军阀反动统治。以国民党右派为代表的反社会主义势力必然不甘心于自己的失败，他们终于发动了反革命政变，并在公开叛变革命之后，立即纠集戴季陶之类的资产阶级右翼理论家和思想家，凭藉其反动政权，在意识形态领域里掀起了新的反共恶浪。其集中的表现，就是以蒋介石为代表的反共势力在戴季陶主义的基础上，引进了德、意法西斯主义理论，逐步地形成了中国法西斯主义思潮。所有这些思想理论上的反动措施，均围绕一个中心，这就是维护蒋介石集团的封建买办法西斯统治，以对抗中国共产主义运动的历史巨流。

中国共产主义者和共产主义拥护者用自己的鲜血捍卫了共产主义旗帜。他们在极端艰险的条件下继续传播科学社会主义。由于日本帝国主义的侵入，尤其是当抗日战争进入战略相持阶段后，蒋介石集团在政治上、军事上制造种种反共摩擦的同时，在思想文化战线上也向共产主义思想发起了新攻击。这样，社会主义与反社会主义的论战又在新的条件下激烈地展开了。在这一场新的大论战中，反社会主义势力所表现的特点是，使用伪三民主义(即被歪曲篡改的旧三民主义)为武器，打着发展民族资本主义的旗号，坚持封建买办法西斯主义。总之，在抗战中期，反共逆流急速高涨。只是由于中国共产主义者立即奋起反击，尤其是毛泽东《新民主主义论》的发表，从根本上剥夺了反共顽固派的精神武装，使他们的反共思想暂时削弱。可到抗战后期，反共顽固派趁着共产国际宣告解散之机又大做文章。面对猖獗的反共恶浪，中国共产主义者旗帜鲜明地开展了针锋相对的斗争。毛泽东在1940年发表的巨著《新民主主义论》完整而深刻地阐述了中国革命发展的客观规律，并且斩钉截铁地指出："在现时，毫无疑义，应该扩大共产主义思想的宣传，加紧马克思列宁主义的学习，没有这种宣传和学习，不但不能引导中国革命到将来的社会主义阶段上去，而且也不能指导现实的民主革命达到胜利。"因此，共产主义思想的伟大旗帜"是'收起'不得的，一旦收起，中国就会亡国"。抗战时期所进行的这场批判中国法西斯主义的战斗，深刻地教育了全党和革命人民.一方面使越来越多的人认识到"法西斯主义就是祸国叛国亡国的主义"；另一方面使越来越多的人认识到只有社会主义才能救中国。因此，这次论战十分有力地促进了科学社会主义在全国广泛而深入的传播。

抗战时期，伟大的毛泽东思想在马列主义更加广泛、深入地同中国革命实践相结合的基础上达到了成熟并获得了巨大的发展。民盟的被迫解散，标志着中国资产阶级民主运动已经走到了山穷水尽的地步。于是，中间政治势力逐渐放弃"第三条道路"的幻想，站到了中共领导的新民主主义革命阵营方面来，并为中国革命在全国的胜利作出了重要的贡献。在批判资产阶级右翼的"中间路线"的同时，中国共产主义者还同美国侵略势力展开了建国前的最后一次论战。正当中国革命的胜利已成定局的时候，美国侵略势力又在中国革命阵营中组织所谓"反对派"。为了摧毁美蒋的反动影响，中国共产党发动了批判美国白皮书的思想运动。1949年8月12日新华社发表了重要社论《无可奈何的供状》，宣告了批判白皮书运动的开始。随后，连续发表了毛泽东为新华社撰写的5篇批判白皮书的评论。中共中央组织全国人民，特别是干部和知识分子认真学习这些文献，并在学习文件的基础上对白皮书展开讨论和批判。这次思想运动极大地提高了干部和知识分子的觉悟，保证了民主革命的彻底胜利和民主革命向社会主义革命的胜利转变。1956年社会主义制度在中国的基本建立，正式宣告科学社会主义在中国已经从理论变成了现实。

第二节　中国特色社会主义理论的形成和发展过程

中国特色社会主义理论体系是在以毛泽东为核心的第一代中国共产党人领导人民艰辛探索中国社会主义建设道路的基础上发端的，是在和平与发展成为时代主题的历史背景下，在改革开放和现代化建设的时代征程中逐步形成、完善和发展的。要准确理解和把握中国特色社会主义理论体系的科学内涵和精神实质，就必须弄清楚它产生和发展的思想渊源和历史条件。

一、中国特色社会主义理论体系形成的历史条件和思想渊源

中国社会主义道路的艰难探索，必然会产生许多经验和教

训，对这些经验和教训的总结和提炼，需要上升到理论层面的高度。新中国成立初期，我们党和国家在多方面照搬照抄苏联的模式。1956年苏共二十大揭露了苏联社会存在的矛盾和斯大林的错误，以毛泽东为核心的领导集体，开始探索一种新的社会主义发展模式。但是，在探索过程中，由于受当时国际政治格局和形势的影响，毛泽东和中央领导对政治形势和阶级矛盾做出了错误的判断，逐渐形成了一条极"左"路线，使中国社会主义实践付出了惨重代价。而导致这些"左"的错误发生的根本原因，在于没有搞清楚什么是社会主义。为此，党的十一届三中全会以后，以邓小平为核心的领导集体，解放思想，破除教条，围绕"什么是社会主义，怎样建设社会主义"这个首要的基本理论问题，开始了对社会主义的再认识，并随着中国特色社会主义建设的不断深入，逐渐凝练形成中国特色社会主义理论体系。

马克思主义、列宁主义、毛泽东思想是中国特色社会主义理论体系的思想源头，而中国特色社会主义理论体系，则是当代中国的马克思主义。具体说来，中国特色社会主义理论体系在马克思主义发展史上有三个最主要的思想源头：一是马克思、恩格斯关于社会主义社会的基本设想和原则；二是列宁关于社会主义建设的探索和思路；三是毛泽东关于新民主主义社会的构想和尝试。

二、中国特色社会主义理论体系形成的理论基础

马克思主义作为发展的科学，它所提出的只是一般的指导原则。马克思主义关于建设社会主义的基本原理所体现的基本精神可以概括为以下三个方面：第一，没有固定模式的社会主义，建设社会主义必须坚持基本原则与具体实践相统一的原则；第二，没有否定差别的社会主义，建设社会主义必须坚持一般规律与民族特点相统一的原则；第三，没有脱离个性的社会主义，建设社会主义必须坚持普遍性与特殊性相统一的原则。这些基本精神和基本原则是中国特色社会主义理论体系形成的重要理论基础。

三、中国特色社会主义理论体系形成的时代背景与国内外条件

作为科学社会主义与当代中国实践和时代特征相结合的中国特色社会主义理论体系，不仅具有突出的中国特色，而且具有鲜明的时代特征，是时代发展和世界形势变化的产物，顺应了求和平、谋发展、促合作的时代潮流。因此，正确认识和把握时代的基本特征，是深刻理解中国特色社会主义理论体系形成条件的一个重要前提。

中国特色社会主义理论体系是在和平与发展成为世界主题的时代背景下产生的。中国特色社会主义理论体系之所以产生于

二十世纪七十年代末期以后，正是与这一时期世界形势的新发展和时代主题的转换密切联系在一起的。一是国际形势由剧烈冲突向相对和平局面的转变，给每个国家和民族集中精力进行建设提供了一个必要的条件；二是发展已成为世界各国普遍关注的核心问题，抓住机遇、发展自己，是所有国家特别是发展中国家面临的首要任务。对当代世界主题的不断探索和正确回答，成为中国特色社会主义理论体系形成的重要时代依据。

中国特色社会主义理论体系是在现代科技革命浪潮的影响下形成的。马克思主义产生和发展的全部历史表明，它的形成和发展是和科学技术的发展密切地联系在一起的。二十世纪七十年代以来一场新产业革命席卷全球，引起了社会经济各个领域一系列深刻的变化。这种变化是二十世纪一切变化中最重要的变化。这不能不引起当代马克思主义者的高度重视和密切关注。中国特色社会主义理论体系，正是在这样的背景下形成的。第一，现代科技革命正深刻地影响和改变着人类生产、生活的各个方面；第二，现代科技革命的兴起，要求把马克思主义推进到一个新的科学水平；第三，现代科技革命浪潮的影响以及由此引发的深刻变革的社会现实，为中国特色社会主义理论体系的产生提供了社会基础。

中国特色社会主义理论体系是在总结苏联模式衰败和世界社会主义多样化演进经验教训的基础上形成的。社会主义制度首先在经济文化比较落后的国家取得胜利以后，如何运用科学社会主义的基本原理，探索出一条适合本国国情的社会主义建设道路，就成了各社会主义国家面临的重大历史课题。在探索中，既有伟大成就，也有严重失误，经验教训十分深刻。但通过改革冲破苏联模式的禁锢，探索适合自己国情的发展道路，成为各国社会主义者的普遍共识。中国特色社会主义理论体系，就是在世界社会主义改革浪潮的大背景下，以苏联模式的衰败为条件而兴起的。在它的形成过程中，借鉴了其他国家社会主义建设和改革的历史经验，特别是苏联东欧社会主义兴衰成败的历史经验。各国社会主义兴衰成败的历史经验为中国特色社会主义理论体系的形成和发展提供了丰富而宝贵的素材。经验表明，把苏联模式作为社会主义建设的样板和标准简单照搬或强加于人，是行不通的；走自己的路，建设中国特色社会主义，这是我们吃了苦头总结出来的经验。

以毛泽东为代表的中国共产党人对社会主义建设道路的探索，走过了一条充满曲折的艰辛之路。既取得了伟大的成就，积累了十分珍贵的经验，也走过了一些弯路，尤其是发生了像"文化大革命"那样的全局性失误，留下了深刻的教训。正是正反两方面积累的极为丰富的历史经验，为中国特色社会主义理论体系的形成提供了最为重要、最为直接的依据和契机。

"八大"前后对中国社会主义建设道路的最初探索与主要

成果: 从1955年底到1957年反右斗争扩大化之前这一阶段, 是以毛泽东为代表的中国共产党人探索中国社会主义建设道路的一个黄金时期, 并取得了一系列的重要成果, 成为后来中国特色社会主义理论体系形成的重要生长点。"大跃进"前后的曲折探索与理论思考: 从宏观上来看, 不论是整风运动还是反右斗争, 不论是大跃进还是人民公社化运动, 其目的都是为了探索出一条适合中国情况的社会主义建设道路。但实践证明, 这个探索是不成功的, 是对八大前后探索的一种倒退。在随后纠正已觉察到的错误的过程中, 毛泽东和党中央对我国社会主义建设的基本问题继续进行探索和思考。这表明, 中国共产党人对社会主义建设规律的认识在不断地深化和向前发展着。

四、中国特色社会主义理论体系形成的历史进程和重要意义

1956年社会主义改造完成后, 以毛泽东为核心的第一代领导集体开始探索和实践适合中国国情的社会主义建设道路。他们的艰辛探索为后来我们党开创中国特色社会主义道路、形成中国特色社会主义理论体系提供了宝贵经验。

以毛泽东为主要代表的中国共产党人, 把马列主义的基本原理同中国革命和建设的具体实际结合起来, 创立了毛泽东思想, 第一次实现了马克思主义中国化。以邓小平为主要代表的中国共

产党人，初步回答了"什么是社会主义、怎样建设社会主义"这个首要的基本的理论问题，创立了邓小平理论，开辟了建设中国特色社会主义的道路，推进了马克思主义的中国化。以江泽民为主要代表的中国共产党人，进一步回答了什么是社会主义、怎样建设社会主义的问题，创造性地回答了建设什么样的党、怎样建设党的问题，形成了"三个代表"重要思想，进一步推进了马克思主义的中国化。以胡锦涛为主要代表的中国共产党人提出了科学发展观等重大战略思想，进一步回答了实现什么样的发展、怎样发展这一关系到中国未来前途和命运的重大问题，继续推进马克思主义中国化的发展进程。

总之，马克思主义同中国实际相结合产生了两大理论成果，即毛泽东思想和中国特色社会主义理论体系，虽然它们形成于不同的历史时期，面对不同的历史人物，具有不同的具体内容，但在基本精神上都坚持实事求是、群众路线和独立自主。马克思主义中国化的理论成果指引了党和人民的伟大事业不断取得胜利，提供了凝聚党和全国各族人民的强大的精神支柱，倡导和体现了对待马克思主义的科学态度和优良学风，不断开拓着马克思主义在中国发展的新境界。

第六章

中国特色社会主义理论体系的主要内容

第一节　中国特色社会主义道路的科学内涵
和形成条件

　　中国特色社会主义是中国共产党对现阶段纲领的概括。其科学涵义是要求把马克思主义的普遍真理同中国的具体实际结合起来，走适合中国特点的道路，逐步实现工业、农业、国防和科学技术现代化，把中国建设成为富强、民主、文明、和谐的社会主义国家。即一方面要坚持马克思主义的基本原理，走社会主义道路；另一方面必须从中国的实际出发，不照抄、照搬别国经验、模式，而是走具有中国特色的社会主义道路。

　　中国特色社会主义道路，就是在中国共产党领导下，立足基本国情，以经济建设为中心，坚持四项基本原则，坚持改革开放，解放和发展社会生产力，巩固和完善社会主义制度，建设社会主义市场经济、社会主义民主政治、社会主义先进文化、社会主义和谐社会，建设富强民主文明和谐的社会主义现代化国家。

中国特色社会主义道路的开创，其理论基础是对马克思列宁主义、毛泽东思想的科学继承，其时代背景是对国际形势和时代特征的科学把握，其历史根据是对国内外建设社会主义正反两方面经验的科学总结，其现实依据是对我国改革开放和社会主义现代化建设实践、对最广大人民共同愿望的科学认识。

中国特色社会主义道路之所以完全正确、之所以能够引领中国发展进步，关键在于既坚持了科学社会主义的基本原则，又根据我国实际和时代特征赋予其鲜明的中国特色。

第二节　什么是中国特色社会主义理论体系

中国共产党第十七次全国代表大会提出了中国特色社会主义理论体系的科学命题，明确指出："中国特色社会主义理论体系，就是包括邓小平理论、'三个代表'重要思想以及科学发展观等重大战略思想在内的科学理论体系。"这一理论体系，凝结了几代中国共产党人带领人民不懈探索实践的智慧和心血，是党最宝贵的政治和精神财富，是各族人民团结奋斗的共同思想基础。全面、系统、深刻地理解和坚定不移地坚持这一理论体系，对于夺取全面建设小康社会新胜利，谱写人民美好生活新篇章，实现中华民族的伟大复兴，具有重大而深远的历史意义。

一、邓小平理论

（一）邓小平理论的形成

邓小平理论是马克思列宁主义的基本原理同当代中国实际和时代特征相结合的产物，是毛泽东思想在新的历史条件下的继承和发展，是中国共产党集体智慧的结晶。马列主义、毛泽东思想是邓小平理论形成和发展的理论基础；和平和发展的时代主题是邓小平理论形成和发展的时代背景；社会主义正反两方面的历史经验是邓小平理论形成和发展的历史依据；我国改革开放和社会主义现代化的实践是邓小平理论形成和发展的现实依据。

1978年12月，邓小平在中央工作会议上强调全党要解放思想、实事求是、团结一致向前看。党的十一届三中全会，重新确立了实事求是的思想路线，作出了把党和国家的工作重点转移到社会主义现代化建设上来和实行改革开放的战略决策，开创了我国历史发展的新时期。

1982年，在党的十二大上，邓小平正式提出了"建设有中国特色的社会主义"的命题。1987年党的十三大第一次比较系统地论述了社会主义初级阶段的理论，制定了党在社会主义初级阶段的基本路线，概括了邓小平在十一届三中全会以来对社会主义再认识的过程中，发挥和发展的一系列科学理论观点。这些观点构成了邓小平"建设有中国特色的社会主义理论"的轮廓。

1992年初，邓小平在视察南方讲话中，从理论上深刻地回答了长期困扰和束缚人们思想的许多重大认识问题，把改革开放和现代化建设推向了新境界。同年10月，党的十四大对"建设有中国特色社会主义理论"的主要内容做了系统概括。1997年召开的党的十五大正式提出"邓小平理论"这一科学概念，科学阐述了邓小平理论的历史地位和指导意义，郑重地把邓小平理论同马克思列宁主义、毛泽东思想一起，确定为党的指导思想并写入党章，1999年又载入宪法。

（二）邓小平理论的科学体系和主要内容

邓小平理论围绕"什么是社会主义、怎样建设社会主义"这个首要的、基本的理论问题，第一次比较系统地回答了中国社会主义的发展道路、发展阶段、根本任务、发展动力、外部条件、政治保证、战略步骤、领导力量和依靠力量、祖国统一等一系列基本问题。

邓小平理论的科学体系包含着丰富的内容：社会主义本质理论、社会主义初级阶段理论、社会主义改革开放理论、社会主义市场经济理论。邓小平理论体系还包括社会主义现代化发展战略、社会主义民主政治建设、社会主义精神文明建设、统一战线、军队和国防建设、社会主义国家外交战略、祖国统一、党的建设等理论。

（三）邓小平理论的历史地位和指导意义

党的十五大对邓小平理论的历史地位和指导意义是这样论述的：在社会主义改革开放和现代化建设的新时期，在跨越世纪的新征途上，一定要高举邓小平理论的伟大旗帜，用邓小平理论来指导我们整个事业和各项工作。这是党从历史和现实中得出的不可动摇的结论。中国共产党是非常重视理论指导的党。中国人民找到了马克思列宁主义，中国革命的面貌为之一新。马克思列宁主义同中国实际相结合有两次历史性飞跃，产生了两大理论成果。第一次飞跃的理论成果是被实践证明了的关于中国革命和建设的正确的理论原则和经验总结，它的主要创立者是毛泽东，我们党把它称为毛泽东思想。第二次飞跃的理论成果是建设有中国特色社会主义理论，它的主要创立者是邓小平，我们党把它称为邓小平理论。这两大理论成果都是党和人民实践经验和集体智慧的结晶。

邓小平理论是对中国社会主义建设规律的科学认识。邓小平理论坚持和发展了毛泽东思想，是马克思主义在中国发展的新阶段。邓小平理论坚持解放思想、实事求是，在新的实践基础上继承前人又突破陈规开拓了马克思主义的新境界。邓小平理论坚持科学社会主义理论和实践的基本成果，抓住"什么是社会主义、怎样建设社会主义"这个根本问题，深刻地揭示社会主义的本质，把对社会主义的认识提高到新的科学水平。邓小平理论坚持用马克思主义的宽广眼界观察世界，对当今时代特征和总体国际形势，对世界上其他社会主义国家的兴衰成败，对发展中国家谋求发展的得失、发达国家发展的经验教训，进行正确分析，做出了新的科学判断。

邓小平理论是改革开放和社会主义现代化建设的科学指南。党的十一届三中全会以来，邓小平理论指引我们进行拨乱反正和全面改革，逐步实现了从"以阶级斗争为纲"到以经济建设为中心、从封闭半封闭到改革开放、从计划经济到社会主义市场经济等一系列重大转变，使我国实现政治稳定，经济发展，民族团结，社会生产力、综合国力和人民生活水平都上了一个大台阶，成功地走出了一条具有中国特色的社会主义新道路。

邓小平理论是党和国家必须长期坚持的指导思想。尽管现在国际国内的形势比较当年有很多新变化，但是邓小平理论为我们确立的基本思想依然有着现实的和长远的指导意义。今天我们推进中国特色社会主义的伟大事业，仍然要继续围绕"什么是社会主义，怎样建设社会主义"这个首要的基本的理论问题，紧紧抓住实事求是的思想路线，不断推进思想的解放；紧紧抓住和深入领会"两手抓，两手都要硬"的基本方针，推动经济社会的全面发展；贯彻执行"一个中心、两个基本点"的基本路线；紧紧抓住和领会社会主义初级阶段的理论。努力完成分"三步走"基本实现现代化的战略任务等等。这些根本性的指针，关系到中国特色社会主义的命运和前途，我们不能有任何动摇。邓小平理论内容非常丰富，也非常深刻，我们必须认真学习邓小平理论，全面、准确、完整地领会和把握其精神实质，紧密联系实际，做到学以致用。

二、"三个代表"重要思想

江泽民同志2000年2月25日在广东省考察工作时，从全面总结党的历史经验和如何适应新形势新任务的要求出发，首次对"三个代表"重要思想进行了比较全面的阐述。提出："总结我们党70多年的历史，可以得出一个重要的结论，这就是：我们党所以赢得人民的拥护，是因为我们党在革命、建设、改革的各个历史时期，总是代表着中国先进生产力的发展要求，代表着中国先进文化的前进方向，代表着中国最广大人民的根本利益，并通过制定正确的路线方针政策，为实现国家和人民的根本利益而不懈奋斗。人类又来到一个新的世纪之交和新的千年之交。在新的历史条件下，我们党如何更好地做到这'三个代表'，是一个需要全党同志特别是党的高级干部深刻思考的重大课题。"

（一）"三个代表"重要思想的形成

"三个代表"重要思想是对马列主义、毛泽东思想、邓小平理论的继承和发展，反映了当代世界和中国的发展变化对党和国家工作的新要求，是加强和改进党的建设、推进我国社会主义自我完善和发展的强大理论武器，是中国共产党集体智慧的结晶。

"三个代表"重要思想就是在科学判断党的历史方位的基础上提出来的。中国共产党历经革命、建设和改革，已经从领导人民为夺取全国政权而奋斗的党，成为领导人民掌握全国政权并长期执政的党；已经从受到外部封锁和实行计划经济条件下领导国家建设的党，成为实行对外开放和发展社会主义市场经济条件下领导国家建设的党。

国际局势和世界格局的深刻变化，是"三个代表"重要思想形成的时代背景。改革开放以来，特别是十三届三中全会以来党和人民建设中国特色社会主义的伟大探索，是"三个代表"重要思想形成的实践基础。推进现代化建设、完成祖国统一、维护世界和平与促进共同发展，仍是党在新世纪伟大而艰巨的三大历史任务。党的建设面临的新形势新任务，是"三个代表"重要思想形成的现实依据。进一步提高党的领导水平和执政水平，提高拒腐防变和抵御风险的能力，是党必须解决好的两大历史性课题。

2000年2月，江泽民在广东第一次提出"三个代表"的要求。同年5月，江泽民又指出："始终做到'三个代表'，是我们党的立党之本、执政之基、力量之源。"2001年7月，江泽民在纪念建党80周年大会上全面阐述了"三个代表"的科学内涵和基本内容。2002年，江泽民在党的十六大报告中进一步阐述了"三个代表"重要思想的时代背景、历史地位、精神实质和指导意义，阐明了贯彻"三个代表"重要思想的根本要求。贯彻"三个代表"重要思想，关键在坚持与时俱进，核心在坚持党的先进性，本质在坚持执政为民。党的十六大把"三个代表"重要思想同马克思列宁主义、毛泽东思想、邓小平理论一道确立为党必须长期坚持的指导思想并写进了党章，2004年又写进了宪法。

（二）"三个代表"重要思想的科学体系和主要内容

"中国共产党必须始终代表中国先进生产力的发展要求，始终代表中国先进文化的前进方向，始终代表中国最广大人民的根本利益"，是对"三个代表"重要思想的集中概括。

"三个代表"重要思想在形成和发展的过程中，紧密结合新的实践，把治党和治国、执政和为民结合起来，在改革发展稳定、内政外交国防、治党治国治军各个方面，提出了一系列紧密联系、互相贯通的新思想、新观点、新论断，构成了"三个代表"重要思想的主要内容。

"三个代表"重要思想进一步回答了"什么是社会主义、怎样建设社会主义"的问题，创造性地回答了"建设什么样的党、怎样建设党"的问题，深化了对中国特色社会主义的认识。

（三）"三个代表"重要思想的历史地位和指导意义

1. "三个代表"重要思想是同马克思列宁主义、毛泽东思想和邓小平理论一脉相承的科学体系。

马克思列宁主义、毛泽东思想、邓小平理论和"三个代表"重要思想，虽然形成于不同的历史时期，面对着不同的时代课题，但都贯穿着辩证唯物主义和历史唯物主义的世界观和方法论，都具有与时俱进的理论品质，都代表着最广大人民的根本利益，都坚持大致相同的马克思主义基本原理，是一脉相承的科学思想体系。

第一，"三个代表"重要思想与马克思列宁主义、毛泽东思想、邓小平理论都以辩证唯物主义和历史唯物主义作为哲学基础。"三个代表"重要思想是运用辩证唯物主义和历史唯物主义考察当今实际得出的科学结论。

第二，"三个代表"重要思想与马克思列宁主义、毛泽东思想、邓小平理论都具有与时俱进的理论品格。马克思主义的理论来源于实践，服务于实践，为实践所检验，随实践而发展，不是教条而是行动的指南。"三个代表"重要思想既坚持了马克思主义的根本原则，又具有新的时代内容；既一脉相承，又别开生面，充分体现了马克思主义与时俱进的品格。

第三，"三个代表"重要思想与马克思列宁主义、毛泽东思想、邓小平理论都视人民利益高于一切。马克思主义从诞生之日起就公开申明，自己是工人阶级的精神武器，是代表工人阶级和广大劳动群众利益的理论和学说。"三个代表"重要思想是代表和维护最广大人民根本利益的思想，它把最广大人民的根本利益作为一切工作的出发点和归宿，与马克思列宁主义、毛泽东思想、邓小平理论具有完全相同的价值取向。

最后，"三个代表"重要思想与马克思列宁主义、毛泽东思想、邓小平理论都坚持以通过解放和发展社会生产力为根本任务，都坚持以人的自由和全面发展为核心价值和最高命题，都坚持完全相同的基本原理和最终目标。

2. "三个代表"重要思想是对马克思列宁主义、毛泽东思想和邓小平理论的创新和发展，是马克思主义中国化的最新理论成果。

"三个代表"重要思想所具有的基本点，在马克思主义经典作品中都有论述，但是，把发展先进生产力、先进文化和实现最广大人民的根本利益同坚持党的先进性相联系，上升到党的性质和宗旨的高度，上升到党的指导思想和社会主义建设规律、人类社会发展规律的高度，构成了一个完整的体系，是对辩证唯物主义和历史唯物主义的创造性运用和发展，是坚持马克思主义的典范，又是发展马克思主义的典范，是马克思主义中国化的最新理论成果之一。

第一，"三个代表"重要思想坚持马克思主义的世界观和方法论，创造性地运用它们分析当今世界和中国的实际，为我们在新的时代条件下运用辩证唯物主义和历史唯物主义认识和把握社会发展规律，更好地推进我国社会主义事业做出了新的理论概括。

第二，"三个代表"重要思想坚持党的最高纲领和最低纲领的统一，为我们坚持马克思主义的最终奋斗目标，根据实际制定和实施推动我们社会主义发展的科学战略提供了新的理论基础。

第三，"三个代表"重要思想坚持马克思主义关于无产阶级政党必须植根于人民的政治立场，注重从人民群众的实践中汲取养分，为我们坚持马克思主义的群众观点，不断实现最广大人民的根本利益提出了新的理论要求。

第四，"三个代表"重要思想坚持马克思主义与时俱进的理论品质，体现了马克思主义理论创新的巨大勇气，为我们坚持马克思主义基本原理、不断在实践中推进理论创新打开了新的理论视野。

3. "三个代表"重要思想是加强和改进党的建设的理论指南。

"三个代表"重要思想，在邓小平理论的基础上创造性地回答了"建设一个什么样的党、怎样建设党"的基本问题，是中国共产党在新的历史条件下加强党的建设的指导思想。

第一，"三个代表"重要思想指明了党的建设总目标。江泽民指出：在世界风云变幻的条件下，在当代中国改革开放和现代化建设的伟大变革中，"要把党建设成为用邓小平理论武装起来、全心全意为人民服务、思想上政治上组织上完全巩固、能够经受住各种风险、始终走在时代前列、领导全国人民建设中国特色社会主义的马克思主义政党"。这一总目标的提出，为全面推进党的建设的新的伟大工程，始终保持党的先进性，使我们党更好地担负起实现中华民族伟大复兴的历史使命指明了方向。

第二，"三个代表"重要思想提出了加强党的执政能力建设，提高党拒腐防变和抵御风险能力这两大历史性课题，致力于揭示共产党执政规律，对提高党的领导水平和执政水平具有重大指导意义。

第三，"三个代表"重要思想为中国共产党在新世纪新阶段提出了新的任务和要求。江泽民在十六大报告中指出：贯彻"三个代表"要求，必须使全党始终保持与时俱进的精神状态，不断开拓马克思主义理论发展的新境界；必须把发展作为党执政兴国的第一要务，不断开创现代化建设的新局面；必须最广泛最充分地调动一切积极因素，不断为中华民族的伟大复兴增添新力量；必须以改革的精神推进党的建设，不断为党的肌体注入新活力。

第四，"三个代表"重要思想是衡量我们党执政治国兴衰成败的标准。在新的历史条件下，我们党的全部理论和工作是否符合、能否真正做到"三个代表"是我们党执政治国兴衰成败的标准。

4. "三个代表"重要思想是推进我国社会主义自我完善和发展的强大理论武器。

第一，"三个代表"重要思想在邓小平理论的基础上进一步回答了"什么是社会主义、怎样建设社会主义"的基本理论问题，深化了对社会主义本质的认识，揭示了建设社会主义社会的本质要求，体现了社会主义的本质和党的先进性的内在联系。一方面，只有坚持"三个代表"，才能解放和发展社会生产力；另一方面，只有坚持解放和发展社会生产力，最终实现共同富裕，才能使我们党真正成为坚持"三个代表"的先进政党。

第二，"三个代表"重要思想把发展先进生产力、发展先进文化和实现最广大人民的根本利益统一起来，从物质基础、文化支撑和社会基础方面揭示了社会主义制度自我完善和发展的基本途径，说明社会主义制度的自我完善和发展只有具备雄厚的物质基础、强大的文化支撑和广泛的群众支持才能够实现，确立了政治、经济、文化三位一体的社会主义现代化发展战略。

5. 始终做到"三个代表"，是我们党的立党之本、执政之基、力量之源。

江泽民多次指出，始终做到"三个代表"，是我们党的立党之本、执政之基、力量之源。这是对"三个代表"重要思想的历史地位和指导意义的高度概括。

第一，"三个代表"重要思想揭示了我们党的立党之本，创造性地回答了"建设一个什么样的党、怎样建设党"的问题。总结中国共产党90多年的历史经验，党的历史使命从根本上说就是要当好"三个代表"。党赖以存在和发展的基础，就在于当好"三个代表"。

第二，"三个代表"重要思想揭示了我们党的执政之基，进一步回答了党应该怎样执政的问题。先进生产力是执政的物质基础，先进文化是执政的思想基础和精神支撑，人民群众是执政的群众基础。

"三个代表"重要思想从根本上说明了我们党执政的基础、执政的内容、执政的任务和执政的要求。只有坚持"三个代表"，当好"三个代表"，掌握好人民赋予的执政权力，我们才能不断提高执政水平，巩固执政基础，稳固执政地位。

第三，"三个代表"重要思想揭示了我们党的力量之源，进一步回答了党怎样保持先进性和生命力，始终走在时代前列的问题。中国共产党是中国工人阶级的先锋队，同时又是中国人民和中华民族的先锋队。党的历史使命、历史地位、历史作用，始终是与党的先进性联系在一起的。党的先进性从根本上就表现在"三个代表"上，党是否切实保持了先进性，也要以"三个代表"为标准来衡量。只要始终坚持"三个代表",我们党的活力就不会枯竭,党就会永远生机勃发。

三、科学发展观

科学发展观,是对党的三代中央领导集体关于发展的重要思想的继承和发展,是马克思主义关于发展的世界观和方法论的集中体现,是同马克思列宁主义、毛泽东思想、邓小平理论和"三个代表"重要思想既一脉相承又与时俱进的科学理论,是我国经济社会发展的重要指导方针,是发展中国特色社会主义必须坚持和贯彻的重大战略思想。

(一)科学发展观的形成

(1)科学发展观的形成是一个在实践中逐渐丰富和发展的过程。

2003年10月,党的十六届三中全会通过的《中共中央关于完善社会主义市场经济体制若干问题的决定》指出:"坚持以人为本,树立全面、协调、可持续的发展观,促进经济社会和人的全面发展。"这是党的文件第一次提出科学发展观。

2004年9月,党的十六届四中全会通过的《中共中央关于加强党的执政能力建设的决定》,把树立和落实科学发展观作为提高党的执政能力的重要内容。

2005年10月，党的十六届五中全会通过的《中共中央关于制定国民经济和社会发展第十一个五年规划的建议》强调，要坚定不移地以科学发展观统领经济社会发展全局，坚持以人为本，转变发展观念、创新发展模式、提高发展质量，把经济社会发展切实转入全面协调可持续发展的轨道。

2007年10月，胡锦涛在十七大报告中进一步深刻阐述了科学发展观的时代背景、科学内涵、精神实质和根本要求，并把科学发展观写入党章。

（2）科学发展观，是立足社会主义初级阶段基本国情，总结我国发展实践，借鉴国外发展经验，适应新的发展要求提出来的。

我国社会主义初级阶段基本国情是科学发展观提出的根本依据。我们必须坚持而不能离开社会主义；同时，我们的社会主义社会还处在初级阶段，我们必须从这个实际出发而不能超过这个实际。

我国在新世纪新阶段的阶段性特征是科学发展观提出的现实基础。进入新世纪新阶段，我国发展呈现一系列新的阶段性特征，主要是：经济实力显著增强，同时生产力水平总体上还不高，自主创新能力还不强，长期形成的结构性矛盾和粗放型增长方式尚未根本改变；社会主义市场经济体制初步建立，同时影响发展的体制机制障碍依然存在，改革攻坚面临深层次矛盾和问题；人民生活总体上达到小康水平，同时收入分配差距拉大趋势还未根本扭转，城乡贫困人口和低收入人口还有相当数量，统筹兼顾各方面利益难度加大；协调发展取得显著成绩，同时农业基础薄弱、农村发展滞后的局面尚未改变，缩小城乡、区域发展差距和促进经济社会协调发展任务艰巨；社会主义民主政治不断发展、依法治国基本方略扎实贯彻，同时民主法制建设与扩大人民民主和经济社会发展的要求还不完全适应，政治体制改革需要继续深化；社会主义文化更加繁荣，同时人民精神文化需求日趋旺盛，人们思想活动的独立性、选择性、多变性、差异性明显增强，对发展社会主义先进文化提出了更高要求；社会活力显著增强，同时社会结构、社会组织形式、社会利益格局发生深刻变化，社会建设和管理面临诸多新课题；对外开放日益扩大，同时面临的国际竞争日趋激烈，发达国家在经济科技上占优势的压力长期存在，可以预见和难以预见的风险增多，统筹国内发展和对外开放要求更高。当前我国发展的阶段性特征，是社会主义初级阶段基本国情在新世纪新阶段的具体表现。立足社会主义初级阶段这个最大的实际，科学分析我国全面参与经济全球化的新机遇新挑战，全面认识工业化、信息化、城镇化、市场化、国际化深入发展的新形势新任务，深刻把握我国发展面临的新课题新矛盾，更加自觉地走科学发展道路，奋力开拓中国特色社会主义更为广阔的发展前景。

当代世界的发展实践和发展理念是科学发展观提出的重要借鉴。世界各国的发展实践证明，发展绝不仅仅是经济增长，而应该是经济、政治、社会、文化全面协调可持续发展，应该是人与自然的和谐发展。这就决定了作为世界上最大的发展中国家的中国，必须走出一条有中国特色的社会主义道路。科学发展观的提出正是在深刻总结世界发展经验教训的基础上提出来的。

（二）科学发展观的主要内容

科学发展观，第一要义是发展，核心是以人为本，基本要求是全面协调可持续，根本方法是统筹兼顾。发展是马克思主义的重要范畴之一，马克思主义执政党执政以后，根本任务就是发展社会生产力。必须坚持把发展作为党执政兴国的第一要务。发展，对于全面建设小康社会、加快推进社会主义现代化，具有决定性意义。要牢牢抓住经济建设这个中心，坚持聚精会神搞建设、一心一意谋发展，不断解放和发展社会生产力，更好实施科教兴国战略、人才强国战略、可持续发展战略，着力把握发展规律、创新发展理念、转变发展方式、破解发展难题，提高发展质量和效益，实现又好又快发展，为发展中国特色社会主义打下坚实基础。努力实现以人为本、全面协调可持续的科学发展，实现各方面事业有机统一、社会成员团结和睦的和谐发展，实现既通过维护世界和平发展自己、又通过自身发展维护世界和平的和平

111

发展。

科学发展观的核心是以人为本。以人为本，就是以最广大人民的根本利益为本。全心全意为人民服务是党的根本宗旨，党的一切奋斗和工作都是为了造福人民。要始终把实现好、维护好、发展好最广大人民的根本利益作为党和国家一切工作的出发点和落脚点，尊重人民主体地位，发挥人民首创精神，保障人民各项权益，走共同富裕道路，促进人的全面发展，做到发展为了人民、发展依靠人民、发展成果由人民共享。

科学发展观的基本要求是坚持全面协调可持续发展。全面，是指各个方面都发展；协调，是指各个方面的发展要相互适应；可持续，是指发展进程要有持久性、连续性。要按照中国特色社会主义事业总体布局，全面推进经济建设、政治建设、文化建设、社会建设，促进现代化建设各个环节、各个方面相协调，促进生产关系与生产力、上层建筑与经济基础相协调。坚持生产发展、生活富裕、生态良好的文明发展道路，建设资源节约型、环境友好型社会，实现速度和结构质量效益相统一、经济发展与人口资源环境相协调，使人民在良好生态环境中生产生活，实现经济社会有序发展。

科学发展观的根本方法是统筹兼顾。坚持统筹兼顾，就是既要总揽全局、统筹规划，又要抓住牵动全局的工作、事关群众利益的突出问题，着力推进、重点突破。要正确认识和妥善处理中国特色社会主义事业中的重大关系，统筹城乡发展、区域发展、经济社会发展、人与自然和谐发展、国内发展和对外开放，统筹中央和地方关系，统筹个人利益和集体利益、局部利益和整体利益、当前利益和长远利益，充分调动各方面积极性。统筹国内国际两个大局，树立世界眼光，加强战略思维，善于从国际形势发展变化中把握发展机遇、应对风险挑战，营造良好国际环境。

中国特色社会主义理论体系是马克思主义中国化的最新理论成果。在当代中国，坚持马克思主义，就必须坚持中国特色社会主义理论体系；坚持中国特色社会主义理论体系，就是真正坚持马克思主义。

第三节　中国特色社会主义理论体系的主要内容

中国特色社会主义理论体系，在新的时代条件下系统地回答了"什么是社会主义、怎样建设社会主义，建设什么样的党、怎样建设党，实现什么样的发展、怎样发展"等重大理论实际问题。科学阐明了中国特色社会主义的思想路线、发展道路、发展阶段、根本任务、发展动力、发展战略、依靠力量、国际战略、领导力量等重大问题，是贯通马克思主义哲学、政治经济学、科学社会主义等领域，覆盖经济、政治、文化、社会、国防、外交、统一战线、祖国统一、党的建设等方面的系统的科学理论体系。这个理论体系，创造性地提出了一系列新的重大理论观点、重大战略思想，在新的实践基础上丰富和发展了马克思主义。

一、中国特色社会主义理论体系的精髓是解放思想、实事求是

解放思想、实事求是是马克思主义思想路线的本质要求，是中国特色社会主义理论体系的精髓。把马克思主义普遍真理和我国具体实际结合起来，走自己的路，发展中国特色社会主义。解放思想是发展中国特色社会主义的一大法宝，与时俱进是马克思主义的理论品质，求真务实是党的思想路线的核心，这一理论丰富和发展了马克思主义辩证唯物主义和历史唯物主义哲学思想。

二、中国特色社会主义理论体系的主题是发展

发展是当今世界两大主题之一。发展是硬道理，对发展中国特色社会主义具有决定意义；坚持物质文明和精神文明两手抓。发展是党执政兴国的第一要务；坚持经济社会发展与人的全面发展相统一；正确处理好改革发展稳定的关系。深入贯彻落实以人为本，全面协调可持续的科学发展观；聚精会神搞建设，一心一意谋发展；坚持科学发展、和谐发展、和平发展；走生产发展、生活富裕、生态良好的文明发展道路。这一理论丰富和发展了马克思主义关于社会主义发展的思想。

三、中国特色社会主义理论体系的核心是以人为本

以人为本是党的根本宗旨和执政理念的集中体现，是中国特色社会主义理论体系的核心。把"人民拥护不拥护"、"人民赞成不赞成""人民高兴不高兴""人民答应不答应"，作为各项方针政策的出发点和归宿。党的一切奋斗和工作都是为了造福人民。发展为了人民、发展依靠人民、发展成果由人民共享；要把解决人民群众切身利益问题放在首位，使全体人民朝着共同富裕的方向稳步前进。这一理论丰富和发展了马克思主义关于社会主义根本目的的思想。

四、中国特色社会主义理论体系的立论基础是社会主义初级阶段

社会主义初级阶段是中国特色社会主义理论体系的立论基础。我国仍处于并将长期处于社会主义初级阶段。一切从社会主义初级阶段的实际出发，正确认识和把握新世纪新阶段我国发展的阶段性特征。始终不渝地坚持社会主义初级阶段"一个中心、两个基本点"的基本路线，丰富和发展了马克思主义关于社会主义发展阶段的思想。

五、中国特色社会主义本质的理论

发展中国特色社会主义，最重要的是搞清楚什么是社会主

义，怎样建设社会主义。社会主义的本质，是解放生产力，发展生产力，消灭剥削，消除两极分化，最终达到共同富裕。中国特色社会主义的发展目标，是建设富强民主文明和谐的社会主义现代化国家，这是社会主义本质的体现。这一理论丰富和发展了马克思主义科学社会主义的思想。

六、中国特色社会主义根本任务的理论

社会主义的根本任务是解放和发展社会生产力；坚持发展中国特色社会主义必须坚持以经济建设为中心；实施科教兴国战略、人才强国战略和可持续发展战略。科学技术是第一生产力；提高自主创新能力，建设创新型国家是国家发展战略的核心。这一理论丰富和发展了马克思主义关于社会主义历史任务的思想。

七、中国特色社会主义发展动力的理论

改革开放是中国特色社会主义的发展动力。改革是中国的第二次革命，是社会主义制度的自我完善和发展；改革是经济、政治、文化、社会全方位改革。中国的发展离不开世界，世界的发展也离不开中国；拓展对外开放广度和深度，提高开放型经济水平。把"三个有利于"作为改革开放和各项工作总的出发点和检验标准。改革开放是发展中国特色社会主义实现中华民族伟大复兴的必由之路。这一理论丰富和发展了马克思主义关于社会主

发展动力的思想。

八、中国特色社会主义发展战略与总体布局的理论

发展中国特色社会主义必须实行"三步走"的发展战略；全面建设小康社会是党到2020年的奋斗目标，是全国各族人民的根本利益所在。按照中国特色社会主义事业总体布局，全面推进经济、政治、文化和社会建设。这一理论丰富和发展了马克思主义关于社会主义建设的理论。

九、中国特色社会主义经济建设理论

计划经济不等于社会主义、市场经济不等于资本主义，社会主义也可以搞市场经济。实现国民经济又好又快发展，是对经济建设规律认识的深化。转变经济发展方式，完善社会主义市场经济体制，是促进经济又好又快发展的关键。统筹城乡发展，建设社会主义新农村。这一理论丰富和发展了马克思主义关于社会主义经济建设的思想。

十、中国特色社会主义民主政治建设理论

人民民主是社会主义的生命，发展社会主义民主政治是我们党始终不渝的奋斗目标。发展社会主义民主，健全社会主义法制。坚持中国特色社会主义政治发展道路，坚持党的领导、人民

当家做主、依法治国有机统一，坚持和完善人民代表大会制度、中国共产党领导的多党合作和政治协商制度、民族区域自治制度以及基层群众自治制度，深化政治体制改革，扩大人民民主、保证人民当家做主。这一理论丰富和发展了马克思主义关于社会主义民主政治建设的思想。

十一、中国特色社会主义文化建设理论

社会主义文化建设是中国特色社会主义事业总体布局的重要组成部分。社会主义不仅要有高度的物质文明，而且要有高度的精神文明。要培育有理想、有道德、有文化、有纪律的社会主义新人。坚持社会主义先进文化前进方向，推动社会主义文化大发展大繁荣，提高国家文化软实力。建设社会主义核心价值体系，增强社会主义意识形态的吸引力和凝聚力。建设和谐文化，培育文明风尚，弘扬中华文化，建设中华民族共有精神家园。这一理论丰富和发展了马克思主义关于社会主义意识形态建设的思想。

十二、中国特色社会主义社会建设理论

建设社会主义和谐社会是中国特色社会主义的本质要求。民主法治、公平正义、诚信友爱、充满活力、安定有序、人与自然和谐相处是建设社会主义和谐社会的总要求。坚持共同建设、共

同享有的原则，以改善民生为重点加快社会建设。努力使全体人民学有所教、劳有所得、病有所医、老有所养、住有所居，推动建设和谐社会。这一理论丰富和发展了马克思主义关于社会主义社会形态的思想。

十三、中国特色社会主义国防和军队建设理论

国防和军队建设，在中国特色社会主义事业总体布局中占有重要地位。建设强大的现代化正规化的革命军队。适应世界军事变革发展的要求，走中国特色的精兵之路。统筹经济建设与国防建设，在全面建设小康社会进程中实现富国与强军统一，全面履行党和人民赋予的新世纪新阶段军队的历史使命。这一理论丰富和发展了马克思主义军事思想。

十四、中国特色社会主义祖国统一理论

"一个国家，两种制度"是实现祖国统一的战略构想；在一个中国的前提下，国家主体坚持社会主义制度，香港、澳门、台湾保持原有资本主义制度长期不变，按照这个原则推进和实现祖国和平统一。香港、澳门回归祖国，表明"一国两制"具有强大生命力；全力支持香港、澳门特别行政区政府依法施政。在一个中国原则基础上，协商正式结束两岸敌对状态，达成和平协议。以《反分裂国家法》为法理依据，反对一切"台独"和分裂活

动。这一理论丰富和发展了马克思主义国家学说。

十五、中国特色社会主义外交战略理论

世界处于大变革大调整之中，和平发展是时代的两大主题。中国坚持独立自主的和平外交政策，维护国家主权安全和发展利益，始终不渝走和平发展道路，推动建设持久和平、共同繁荣的和谐世界。始终不渝奉行互利共赢开放战略，既通过维护世界和平发展自己，又通过自身发展维护世界和平。这一理论丰富和发展了马克思主义对外政策思想。

十六、中国特色社会主义党的建设理论

中国共产党是领导中国特色社会主义事业的坚强核心，党的建设是建设和发展中国特色社会主义的关键。适应长期执政和改革开放的新要求，不断加强和改善党的领导。切实加强党的思想建设、组织建设、作风建设、制度建设、反腐倡廉建设，不断提高党的创造力、凝聚力和战斗力，使党始终做到"三个代表"。以加强党的执政能力建设和先进性建设为主线，以改革创新精神全面推进党的建设新的伟大工程。这一理论丰富和发展了马克思主义建党学说。

中国特色社会主义理论体系内容丰富、博大精深，是中国特色社会主义建设和发展规律的反映，是党在改革开放实践中进

行理论创新的产物。这些理论内容由每一代领导集体提出，为实践所证明是正确的，并贯穿于中国特色社会主义的全过程；中国特色社会主义理论体系具有统一性和开放性，必将随着实践的发展，既一脉相承又与时俱进。

知识链接

辩证唯物主义

辩证唯物主义，是马克思、恩格斯批判地吸取德国古典哲学——黑格尔的辩证法的"合理内核"和费尔巴哈唯物论的"基本内核"，在总结自然科学、社会科学和思维科学的基础上创立的系统科学的逻辑理论思维形式，是一种以马克思和恩格斯学说来研究现实的哲学方法，是用"辩证的观点"和"唯物论的观点"解释和认识世界的理论。一般认为"辩证唯物主义"和"唯物辩证法"在本质上是一致的。

辩证唯物主义的基本观点有：1.唯物主义认为，物质是第一性的，意识是第二性的。世界的本原是物质，世界的万事万物都是物质派生出来的。2.物质世界是按照它本身所固有的规律运动、变化和发展的。规律是客观的，是不以人的主观意志为转移的。3.辩证的唯物主义观点是相对于机械唯物主义而言的，即将辩证法与唯物主义相结合。

不可知论

不可知论是一种唯心主义的认识论，认为除了感觉或现象之外，世界本身是无法认识的。它否认社会发展的客观规律，否认社会实践的作用。不可知论最初是由英国生物学家T.H.赫胥黎于1869年提出的。不可知论断言人的认识能力不能超出感觉、经验和现象的范围，不能认识事物的本质及发展规律。在现代西方哲学中，许多流派从不可知论出发来否定科学真理的客观性，否认认识世界的可能性或者否认彻底认识世界的可能性。

德国古典哲学

德国古典哲学一般是指康德、费希特、谢林、黑格尔和费尔巴哈的哲学，是代表西方近代哲学的最高阶段。它继承了由德国哲学家莱布尼茨代表的唯理主义倾向，同时又受到了苏格兰启蒙运动中著名哲学家休谟的经验主义和怀疑论的影响，此外，以莱辛、歌德为代表的启蒙运动文学也对德国古典哲学起到了相当程度的影响。（斯宾诺莎的宿命论思想有时也被认为是德国古典哲学的重要思想来源之一。）在这些思想的共同影响下，德国古典哲学家总结并探讨了一系列哲学上的重大问题，尽管他们中的多数经常被泛泛地认为是唯心主义，但他们的主张却不是统一的。

康德是一个二元论者和不可知论者，他为了调和唯理主义和经验主义，提出了自己的批判哲学。费希特则持有一种主观唯心主义（后期也被认为倾向于客观唯心主义），谢林和黑格尔有时候被认为是客观唯心主义者，但事实上他们的意见是非常不同的。直到费尔巴哈以一种唯物主义的观点对黑格尔宏大的形而上学体系提出抨击，从而终结了德国古典哲学。

德国古典哲学具有抽象性和思辨性的特点，同时它也是马克思主义的三个理论来源之一。此外，它提出了包括认识论、本体论、伦理学、美学、法哲学、历史哲学以及政治哲学等领域的各种重大问题和范畴，标志着近代西方哲学向现代西方哲学的过渡。

第二次工业革命

第二次工业革命，也称第二次科技革命，是指1870年至1914年的工业革命。其中西欧和美国以及1870年后的日本，工业得到飞速发展。第二次工业革命紧跟着18世纪末的第一次工业革命，并且从英国向西欧和北美蔓延。第二次工业革命以电力的大规模应用为代表，以电灯的发明为标志。

第二国际

第二国际，即"社会主义国际"，是一个工人运动的世界组织。1889年7月14日在巴黎召开了第一次大会，通过《劳工法案》

及《五一节案》，决定以同盟罢工作为工人斗争的武器。组织后因第一次世界大战爆发而解散，其后伯尔尼国际成立并作为实体运作。第二国际所做出影响最大的动作包括宣布每年的5月1日为国际劳动节，宣布每年的3月8日为国际妇女节，并创始了八小时工作制运动。当今世界最大的政党组织"社会党国际"实际上为其延续，在二战后的1951年成立，成员均为原第二国际成员。

第一国际

第一国际，即国际工人联合会，1864年由英、法、德、意四国工人代表在伦敦开会成立，马克思代表德国工人参加该组织的工作，并逐渐用"科学社会主义"理论作为组织指导思想。由于会名太长，有时人们取它的第一个单词"International"代指，简称为"国际"，历史上即称为"第一国际"。1871年，第一国际法国支部参加并领导了巴黎公社运动。但是随着巴黎公社的失败，第一国际也日渐衰弱，1876年正式宣布解散。

俄国二月革命

俄国二月革命是1917年3月8日于俄罗斯发生的民主革命，是俄国革命的序幕。其即时结果就是沙皇尼古拉二世被迫退位，俄罗斯帝国灭亡。二月革命结束了封建专制的统治，之后出现了两个政权并立的局面，即资产阶级临时政府和苏维埃政权。后又因为临时政府的措施不当，爆发了十月革命。以列宁为首的苏维埃政权控制了局面。二月革命为俄国无产阶级反对资产阶级、争取社会主义的斗争创造了有利的条件。发生在第一次世界大战期间的二月革命的胜利，促进了欧洲各国被压迫人民和被压迫民族反对帝国主义战争、反对本国反动政府、争取民主权利和民族解放的革命运动的高涨。

法国1789年的资产阶级大革命

法国大革命，又称法国1789年的资产阶级大革命，是1789年在法国爆发的资产阶级革命，法国的政治体制在大革命期间发生了史诗性的转变：统治法国多个世纪的绝对君主制与封建制度在三年内土崩瓦解，过去的封建贵族和宗教特权不断受到自由主义政治组织和平民的冲击，传统观念逐渐被全新的天赋人权、三权分立等民主思想代替。

法国大革命始于1789年5月的三级会议。革命的头一年，第三等级的革命民众在6月发表了《网球场宣言》，7月攻占了巴士底狱，8月凡尔赛妇女运动迫使法国王室在10月返回巴黎。之后几年不断出现自由集会和保守的君主制度改革。1792年9月22日，法兰西第一共和国成立，路易十六在次年被推上了断头台。不断出现的外部压力实际上在法国革命中起到了主导作用，法国革命战争从1792年开始，取得了一个世纪以来法国未曾取得的胜利，并使法国间接控制了意大利半岛和莱茵河以西的领土。在国内，派系斗争及民众情绪的日益高涨导致了1793年至1794年恐怖统治的产生。罗伯斯庇尔和雅各宾派倒台以后，督政府于1795年掌权，直到1799年拿破仑上台后结束。

关于法国大革命的结束时间尚存争议，正统观点认为1799年的雾月政变为革命终结的标志；另有观点认为1794年7月雅各宾派统治的结束为革命的终结；还有观点认为1830年七月王朝建立是革命终结的标志。

现代社会在法国革命中拉开帷幕，共和国的成长、自由民主思想的传播、现代思想的发展以及国家之间大规模战争的出现都是此次革命的标志性产物。在作为近代一场伟大的民主革命而受到赞扬的同时，法国大革命也因其间所出现的一些暴力专政行为而为人诟病。革命随后导致了拿破仑战争、两次君主制复辟以及两次法国革命。接下来直至1870年，法国在两次共和国政府、君主立宪制政府及帝国政府下交替管治。

历史学家、《旧制度与大革命》的作者托克维尔则认为，1789年法国革命是迄今为止最伟大、最激烈的革命，代表法国的"青春、热情、自豪、慷慨、真诚的年代"。

封建主义

封建主义包括三个方面：一是指封建专制制度，包括政治、经济制度在内的整个社会制度；二是指意识形态；三是指以封建主义思想为指导，为建立或复辟封建专制制度而进行的活动。三者之间相互联系又相互区别，不能等同和混淆。也可以说，封建主义在经济上代表的是地方保护主义和部门主义；在政治上代表的是专制主义和宗法制度；在思想上代表的是纲常伦理、宗法意识和社会生活中的各种落后、愚昧现象、迷信思想和活动。包括制度、活动、思想三方面含义的封建主义，才能称之为完整意义上的封建主义。

个体经济

以生产资料个体所有和个体劳动为基础的经济。如小农经济、小手工业经济、个体商业等。原始社会解体时产生，存在于奴隶社会、封建社会、资本主义社会和社会主义社会，但从来没有成为独立的社会经济形态，而总是从属于占统治地位的经济。具有规模小、经营分散、经济不稳定等特点。在我国，经过社会主义改造，绝大部分个体经济已经转变为社会主义集体经济。但在社会主义国营经济和集体经济占绝对优势的前提下，在法律规定的范围内允许个体经济存在，作为社会主义公有制经济的补充。

工业革命

工业革命，又称产业革命，是指资本主义工业化的早期历程，即资本主义生产完成了从工场手工业向机器大工业过渡的阶段。工业革命是以机器取代人力，以大规模工厂化生产取代个体工场手工生产的一场生产与科技革命。由于机器的发明及运用成为了这个时代的标志，因此，历史学家称这个时代为"机器时代"。

有人认为工业革命在1759年左右已经开始，但直到1830年，它还没有真正蓬勃地展开。大多数观点认为，工业革命发源于英格兰中部地区。1769年，英国人瓦特改良蒸汽机之后，由一系列技术革命引起了从手工劳动向动力机器生产转变的重大飞跃。随后自英格兰扩散到整个欧洲大陆，19世纪传播到北美地区。一般认为，蒸汽机、煤、铁和钢是促成工业革命技术加速发展的四项主要因素。在瓦特改良蒸汽机之前，整个生产所需动力依靠人力和畜力。伴随蒸汽机的发明和改进，工厂不再依河或溪流而建，很多以前依赖人力与手工完成的工作自蒸汽机发明后被机械化生产取代。

工业革命是一般的政治革命不可比拟的巨大变革，其影响涉及人类社会生活的各个方面，使人类社会发生了巨大的变革，对人类的现代化进程的推动起到了不可替代的作用，把人类推向了崭新的蒸汽时代。

共产国际

共产国际，亦称"第三国际"，1919年3月2日至6日在列宁的领导下，在莫斯科召开了共产国际第一次代表大会。参加大会的有来自欧、亚、美洲21个国家的35个政党和团体的代表52人，通过了列宁起草的《共产国际宣言》、《共产国际行动纲领》等文件，宣告了共产国际的成立。共产国际在其存在的24年中，共召开过7次代表大会和13次执行委员会全会。共产国际在列宁领导期间，成绩比较显著。1924年1月，列宁去世后，共产国际出现了一些错误。总的来说，共产国际在宣传马克思列宁主义，团结各国无产阶级和被压迫民族，领导和推动无产阶级革命运动，促进亚非拉民族解放运动，反对帝国主义和法西斯主义，促进各国共产党的成长等方面起了重大的作用。

共产主义

共产主义是一种政治思想，主张消灭私有产权，并建立一个各尽所能、按需分配的生产资料公有制（进行集体生产）社会，而且是一个没有阶级制度、国家和政府的社会。在这一体系下，土地和资本财产为公共所有。其主张劳动的差别并不会导致占有和消费的任何不平等，并反对任何特权。在科学共产主义（马克思主义及其各流派）的理论中，它在发展上分两个阶段，初级阶段是社会主义，高级阶段是共产主义。通常所说的共产主义，指共产主义的高级阶段。

按照马克思主义理论（历史唯物主义），资本主义必将为共产主义所取代，这是不以人们的意志为转移的社会发展的历史规律。因随着工业革命后各种机械自动化生产所带来的高生产力，长期而言经济生产所需的人力将愈来愈少，在私有财产制度下绝大多数人将会失业，因此，社会若想继续和平发展就必须进入共产主义，将愈来愈少的工作量分配给各个工作的人，除了为兴趣而自愿长期工作的人之外，基本上多数人可减少许多工作时间就能维持日常生活。共产主义思想在实行上，需要人人有高度发达的集体主义精神，而这就要求社会生产力达到充分的发展和极度的发达。

共产主义社会

共产主义社会是一种社会形态，它是在生产资料公有制的条件下，在高度发达的社会生产力的基础上所实行的一种各尽其职、按需分配的劳动者自由联合的社会经济形态。

后马克思主义

后马克思主义的概念自20世纪80年代以来就以一种不太准确和规范的方式被使用着，它并非描述一个学派，而是描述一个趋向。后马克思主义倡导一种偶然的话语逻辑，它主张把意识形态和经济及阶级要素完全剥离开来，然而，对于后马克思主义自身的"发生学"分析，后马克思主义的话语理论却无能为力。后马克思主义不论作为一种思想倾向，还是作为一种确定的理论立场，它的生成、确立和盛行都不是脱离社会文化环境的纯粹话语运作的结果，就像后马克思主义本身不能够完全拒斥马克思主义一样，对后马克思主义社会和思想根源的理论透视也离不开马克思主义的分析方式。后马克思主义之所以在20世纪70年代末至80年代中期孕育成形，有着它特定的社会的、政治的、阶级的、思想的以及学理上的源流。

货币

货币是用作交易媒介、储藏价值和记账单位的一种工具，是专门在物资与服务交换中充当等价物的特殊商品。既包括流通货币，尤其是合法的通货，也包括各种储蓄存款。在现代经济领域，货币的领域只有很小的部分以实体通货方式显示，即实际应用的纸币或硬币，大部分交易都使用支票或电子货币。货币区是指流通并使用某一种单一的货币的国家或地区。不同的货币区之间在互相兑换货币时，需要引入汇率的概念。

机会主义

机会主义，也称投机主义，指为了达到自己的目标不择手段的做法，突出的表现是不按规则办事，视规则为腐儒之论，其最高追求是实现自己的目标，以结果来衡量一切，而不重视过程。

如果它有原则的话，那么它的最高原则就是成王败寇。机会主义
也可指工人运动或无产阶级政党内部出现的违背马克思主义根本
原则的思潮、路线。它是资产阶级或小资产阶级思想的反映。机
会主义有两种表现形式：一种是右倾机会主义，另一种是"左"
倾机会主义。

基督

基督，基利斯督之简称，来自于希腊语，是亚伯拉罕诸教中的
术语，原意是"受膏者"（中东地区肤发易干裂，古代的以色列王
即位时必须将油倒在国王的头上，滋润肤发，象征这是神用来拯救
以色列人的王，后来转变成救世主的意思），也等同于希伯来语中
的名词弥赛亚，意思为"被涂了油的"。在基督教、圣经当中基督
是"拿撒勒"主耶稣的专有名字，即"主耶稣基督"。

基督教

基督教是一种以新旧约全书为圣经，信仰神和天国的宗教，
发源于中东地区。在人类发展史中，基督教扮演着非常重要的
角色，中世纪到文艺复兴尤甚。基督徒是相信耶稣为神（天主或
称上帝）的圣子、人类的救主（弥赛亚，即基督）的一神论宗
教。基督教与伊斯兰教、佛教并列为当今三大世界性宗教。基督
教主要有天主教（又称公教会）、希腊正教（又称正教会、东正

教）、基督新教（华人俗称基督教）三大派别，以及其他许多规模较小的派别。基督教虽然发源于中东地区，但后来由于阿拉伯帝国和奥斯曼土耳其帝国的兴起、扩张和持续打压，基督教的传播中心逐渐转移至欧洲，并在欧洲发扬光大，并由此传播至远东、美洲、非洲、大洋洲等地。中文语汇的"基督教"一词时常是专指基督新教，这是中文目前的特有现象。基督教徒约有17亿7千万人。天主教徒占其中的52.89%（约10亿人），基督新教占其中的17.63%（约3亿人），而东正教则占其中的10.64%（约2亿人）。

价值

价值，泛指客体对于主体表现出来的积极意义和有用性。可视为是能够公正且适当反映商品、服务或金钱等值的总额。在经济学中，价值是商品的一个重要性质，它代表该商品在交换中能够交换得到其他商品的多少，价值通常通过货币来衡量，称为价格。这种观点中的价值，其实是交换价值的表现。

根据新古典主义经济学（目前比较流行的一种经济学理论），物体的价值就是该物体在一个开放和竞争的交易市场中的价格，因此，价值主要取决于对于该物体的需求，而不是供给。有些经济学者经常把价值等同于价格，不论该交易市场竞争与否。而古典经济学则认为价值和价格并不等同。按照马克思主义政治经济学的观点，价值就是凝结在商品中无差别的人类劳动，即商品价值。马克思还将价值分为使用价值（给予商品购买者的价值）和交换价值（使用价值交换的量）。

价值规律

价值规律，亦称"价值法则"，是商品生产和商品交换的基本规律。其主要内容和客观要求是商品的价值量由生产商品的社会必要劳动时间决定，商品按照价值量相等的原则进行交换。在以货币为媒介的商品交换中，要求价格符合于价值。

价值量

商品的价值量是商品价值的大小，通常是单位价值量。商品的价值量不是由各个商品生产者所耗费的个别劳动时间决定的，而是由社会必要劳动时间决定的。商品是劳动产品，商品的价值是由劳动形成的，因而它的价值量要由生产商品所耗费的劳动时间来衡量。在其他条件不变的情况下，商品的价值量越大，价格越高；商品的价值量越小，价格越低。若其他因素不变，单位商品的价值量与生产该商品的社会劳动生产率成反比。价值决定价格，价格是价值的货币表现，价值是价格的基础。

交换价值

交换价值指的是当一种产品在进行交换时，能换取到其他产品的价值。交换价值在马克思的学说中，是物品借着一种明确的经济关系才能够产生出的价值，也就是说，经济关系乃是交换价值的背景。交换价值只有在一个产品进行交换时，特别是产品作为商品在经济关系中出售及购买时，才具有意义。交换价值的根本属性是产品的使用价值，但是交换价值在商品交易中根据双方需求会发生较大的波动。例如，1升水在平时和旱季，其使用价值是一样的，但是交换价值的变化却很大。

经济危机

经济危机指的是一个或多个国家经济或整个世界经济在一段比较长的时间内不断收缩（即产生负的经济增长率）。

科学社会主义

科学社会主义是与空想社会主义相对而言的、关于社会主义的科学的理论体系、理论模型与实践模式。科学社会主义是人类一切文明成果的结晶。马克思、恩格斯运用辩证唯物主义的逻辑思维形式，在批判历代空想社会主义的基础上，以历史唯物主义的观点揭示和发现了人类社会发展的规律及当代资本主义经济运动的规律——剩余价值规律。马克思的这两个规律的发现使社会主义从空想变成了科学。科学社会主义是关于无产阶级解放斗争发展规律的科学，是一门政治科学，或者说是一门政治学。

可知论

可知论认为世界是可以为人所认识的，世界上只有尚未被认识的事物，不存在不能认识的事物。一切的唯物主义者都是可知论者，他们坚持物质第一性，意识第二性；彻底的唯心主义者也是可知论者，但他们坚持意识第一性，物质第二性。

空想社会主义

空想社会主义又称乌托邦社会主义，是产生于资本主义生产状况和阶级状况尚未成熟时期的一种社会主义学说，是现代社会主义思想来源之一。空想社会主义者相信在不久的将来可以建立理想的意识形态社会，并为之不懈努力奋斗。这种学说最早见于16世纪托马斯·莫尔的《乌托邦》一书，盛行于19世纪初期的西欧。空想社会主义者认为社会主义的理想社会应该建筑在人类的理性和正义的基础上，而这种社会至今还未出现，是由于人们不认识和不承认的缘故。他们觉得只要有天才掌握了这种思想，并推广开去，就能实现他们心中的理想社会。空想社会主义者反对资本主义，并认为资本主义的剥削制度是由于人类在道德和法律上犯了错误，背弃了人类的本性而产生的。

劳动对象

劳动对象指劳动本身所对应的客体，比如耕作的土地、纺织的棉花等。包括两大类：一是自然界的物质，即未经人类加工过的自然物，如矿藏；一是人类劳动加工过的，用作原材料的产品，如棉花、钢铁等。

劳动力

劳动力，即人的劳动能力，指蕴藏在人体中的脑力和体力的总和。物质资料生产过程是劳动力作用于生产资料的过程。离开劳动力，生产资料本身是不可能创造任何东西的。但是，在物质资料生产过程中，劳动力发挥作用，除了必须具备一定的生产经验和劳动技能或科学文化知识外，还必须具备一定量的生产资料，否则，物质资料生产过程也是不能进行的。劳动者在生产过程中运用自己的劳动力和生产工具，作用于劳动对象，既可以创造出物质财富，也可以不断提高自己的劳动技能。

里昂工人起义

里昂工人起义是指1831年和1834年法国里昂工人反对资本主义剥削压迫的两次武装起义，里昂工人起义推动了法国工人运动的发展，是法国无产阶级作为独立的政治力量登上历史舞台的重要标志之一。与"巴黎公社"、"英国宪章运动"并称"三大工人运动"。

历史唯物主义

历史唯物主义是马克思主义哲学的重要组成部分，也被称为"唯物主义历史理论"或"唯物史观"。历史唯物主义为马克思和恩格斯所创立，以黑格尔的辩证法，结合费尔巴哈的唯物论，去解释人类历史演变的过程，并被列宁、毛泽东等人所发展，被认为是马克思主义的社会历史观和认识、改造社会的一般方法论。因其主要关注的是对历史规律的阐明，因而历史唯物主义可以归入历史哲学，具体地说是一种思辨的历史哲学。

历史唯物主义认为历史发展是客观的和有其特定规律的，其最基本的规律就是生产力决定生产关系，生产关系对生产力有反作用（可能促进或阻碍）。伴随着生产力的发展，人类社会会历经原始社会、奴隶社会、封建社会、资本主义社会、社会主义社会，最终走向共产主义社会。

马克思列宁主义

马克思列宁主义是马克思主义和列宁主义的统称。马克思主义是对马克思和恩格斯的观点和学说的总体称谓，是无产阶级及其政党的十分严整而彻底的世界观，是无产阶级开展解放运动的理论指导，是无产阶级根本利益的科学表现。列宁主义是帝国主义和无产阶级革命时代的马克思主义，是由列宁和他的战友在参加和领导俄国和国际工人运动的实践活动中，在同第二国际机会主义作斗争中，总结无产阶级新的历史经验和科学发展的新成果而形成的。它使无产阶级专政成为现实，使社会主义从科学的理论变成现实的社会制度。

马克思主义

马克思主义是马克思、恩格斯在19世纪工人运动实践基础上创立的理论体系。马克思主义主要以唯物主义角度编写而成。马克思主义理论体系包括三部分，即马克思主义哲学、马克思主义政治经济学、科学社会主义，分别是马克思、恩格斯受德国古典哲学、英国古典政治经济学、法国空想社会主义影响，并在此基础上创立的。马克思主义作为内涵丰富、外延无限的一整套严密的思想体系，我们可以从不同方面对其进行不同的定义。马克思主义从它的创造者、继承人的认识成果上讲，可以定义为：马克思主义是马克思、恩格斯创建的马克思主义者不断加以丰富发展的观点和学说的体系；从它的阶级属性讲，可以定义为：马克思主义是关于无产阶级和人类解放的科学，尤其是关于无产阶级斗争的性质、目的和条件的学说；从它的研究对象讲，可以定义为：马克思主义是一个内容极其丰富的、宏伟的、科学的理论体系，是关于自然、社会和思维发展普遍规律的学说，特别是关于资本主义发展和转变为社会主义，以及社会主义和共产主义发展普遍规律的学说。

马克思主义哲学

马克思主义哲学是关于自然、社会和思维发展的一般规律的科学，是唯物论和辩证法的统一，是唯物论自然观和历史观的统一。它是在继承和发展了德国的古典哲学，英国的古典政治经济学，英国、法国的空想社会主义下形成的马克思主义的三个组成部分之一。马克思主义哲学的主要理论来源是辩证法和唯物论，辩证唯物主义和历史唯物主义是马克思主义哲学的两大组成部分，实践概念是它的基础。

马克思主义政治经济学

马克思主义政治经济学，是马克思主义的重要组成部分。它既是我们从理论高度认识和研究资本主义的经济科学，也是我们进行社会主义经济建设和改革开放的理论指导。马克思主义政治经济学，首先包括马克思创建的政治经济学的基本原理和方法，也包括后来由列宁、毛泽东、邓小平和党中央发展了的经济思想与理论，还包括经济学界以马克思主义为指导研究当代资本主义和社会主义所取得的有关成果。马克思主义政治经济学的基本观点主要包括在马克思的重要著作《资本论》中，在《资本论》中，马克思研究了资本主义经济学的理论和英国历年的经济统计资料，对资本主义经济学理论进行了分析和批判。

孟什维克

孟什维克（俄文音译，意为少数派）是俄国社会民主工党中的一个派别。孟什维克由马尔托夫领导，主张信任群众行动的自发性，涵盖所有无产阶级民众的所有行动。1903年召开俄国社会民主工党第二次代表大会期间，以列宁为首的马克思主义者同马尔托夫等人在制定党章时发生尖锐分歧。大会在选举中央领导机关成员时，拥护列宁的人得多数票，称布尔什维克（意为多数派），马尔托夫等得少数票，称孟什维克。会后，孟什维克发展成为俄国社会民主工党内主要的右倾机会主义派别，其观点称为孟什维主义。

七月革命

七月革命，即法国七月革命，是1830年欧洲的革命浪潮的序曲，因为波旁王室的专制统治令经历过法国大革命的法国人民难以忍受，以致法国人群起反抗当时法国国王查理十世的统治。此次革命的成功是维也纳会议后首次在欧洲成功的革命运动，革命鼓励了1830年及1831年欧洲各地的革命运动，表明维也纳会议后，由奥地利帝国首相梅特涅组织的保守力量未能抑制法国大革命后日益上扬的民族主义及自由主义浪潮。

青年黑格尔派

青年黑格尔派，又称黑格尔左派，是在19世纪30年代黑格尔哲学解体过程中产生的激进派,知名成员有布鲁诺·鲍威尔、大卫·施特劳斯、麦克斯·施蒂纳、费尔巴哈等。活动中心在柏林,马克思和恩格斯也曾参加过青年黑格尔派的活动。

人文主义

人文主义是在文艺复兴时期新兴资产阶级反封建反教会斗争中形成的思想体系、世界观或思想武器,也是这一时期资产阶级进步文学的中心思想。它主张一切以人为本,反对神的权威,把人从中世纪的神学枷锁下解放出来。人文主义宣扬个性解放,追求现实人生幸福;追求自由平等,反对等级观念;崇尚理性,反对蒙昧。

商品

商品是一种用于满足购买者欲望和需求的产品。狭义概念中的商品是一种有形的物质产品,区别于无形的服务。就其本身而论,商品能以有形的方式交付给购买者,并且它的所有权也一并由销售者转移给了顾客。例如,苹果是有形的商品,相对而言,理发则是一种无形的服务。

社会必要劳动时间

社会必要劳动时间是与"个别劳动时间"相对而言的,指在现有的社会正常的生产条件下,在社会平均的劳动熟练程度和劳动强度下制造某种使用价值所需要的劳动时间。这里的"现有的社会正常的生产条件"是指现时某生产部门的平均生产条件，或大多数商品生产者所具有的生产条件，其中最主要是劳动工具的状况；这里的"平均的劳动熟练程度和劳动强度"是指中等水平或部门的平均劳动熟练程度和劳动强度。如生产一件上衣，各个商品生产者由于设备、技术熟练程度等差别，个别劳动时间从2小时到4小时不等，但一般用3小时的劳动就能生产出来，这3小时就是生产上衣的社会必要劳动时间，它随社会劳动生产率的提高而减少。另外，马克思在分析社会生产各部门之间按比例分配社会总劳动的必要性时，提出另一个意义上的社会必要劳动时间，是指满足社会对某种产品的需要而必须分配到某一部门去的那部分社会劳动时间，如社会需要10万双鞋，每双鞋需平均耗费社会劳动时间1小时，则生产鞋所需的社会必要劳动时间为10万小时。

社会主义

社会主义是一套经济体系和政治理论，主张或提倡公共或以整个社会作为整体，来拥有和控制生产资料（产品、资本、土地、资产等），其管理和分配基于公众利益。其提倡由集体或政府拥有与管理生产工具，分配物资。社会主义分为了诸多流派，从建立合作经济管理结构到废除等级制度以至于自由联合。作为一项政治运动，社会主义的政治哲学主张从改良主义到革命社会主义均有分布。如国家社会主义主张通过推动生产、分配和交换全方位的国有化来实现社会主义；自由社会主义倡导工人传统地控制生产方式，反对国家权力来进行管理；民主社会主义则通过民主化进程来寻求建立社会主义。

现代社会主义理论始于18世纪知识分子与工人阶级发起的批评工业化与私有财产对社会影响的政治运动。早期的空想社会主义者，诸如罗伯特·欧文曾试图建立一个自给自足并脱离资本主义社会的公社；而圣西门则创造了名词socialisme，提倡技术官僚与计划工业的应用。马克思和恩格斯共同设计创造了一个理想的社会制度，通过除去导致不合格与周期性生产过剩的无政府主义和资本主义生产，来允许广泛应用现代科技，从而将经济活动合理化。在19世纪初期，社会主义还只是表明关注社会问题；到了19世纪末期，社会主义已经成为了建立基于社会共有的新体制的推动力，并站到了资本主义的对立面。

社会主义社会

社会主义社会，是一种社会形态，指用马克思主义理论指导，重视社会福利，采用财产公有制的，通常是共产主义政党专政、工人阶级领导的社会。按照马克思主义理论，社会主义社会是资本主义社会向共产主义社会的过渡性社会形态。

生产关系

生产关系是指在物质生产过程中形成的人们之间的社会关系，它集中体现了人们之间的物质利益关系。生产关系的内容包括人们在一定的生产资料所有制基础上形成的、在社会生产总过程中发生的生产、分配、交换和消费的关系。

生产力

生产力，又称"社会生产力"，是人们征服自然、改造自然、获得物质资料的能力。生产力和生产关系是社会生产不可分割的两个方面。生产力包括劳动者、劳动资料和劳动对象三大要素。

生产资料

生产资料，也称作生产手段，是马克思主义理论家认定的生产力三要素之一。生产资料主要指劳动者进行生产时所需要使用的资源和工具。一般包括土地、厂房、机器设备、工具、原料，等等。生产资料是生产过程中的劳动资料和劳动对象的总和，它是任何社会进行物质生产所必备的物质条件。

剩余价值

根据马克思主义理论，剩余价值是指从劳动者的劳动价值中剥削出来的利润（劳动价值和工资之间的差异），即"劳动者创造的被资产阶级无偿占有的劳动"。剩余价值概念是马克思主义政治经济学的核心概念，马克思主义政治经济学认为资本主义生产的实质就是剩余价值的生产，剩余价值规律是资本主义的基本经济规律，它决定着资本主义的一切主要方面和矛盾发展的全部过程，决定着资本主义生产的高涨和危机，决定着资本主义的发展和灭亡。

十月革命

十月革命（又称布尔什维克革命、俄国共产革命等），是1917年俄国革命经历了二月革命后的第二个阶段。十月革命发生于1917年11月7日（俄历10月25日）。前苏联、中国等社会主义国家及组织普遍认为，十月革命是经列宁和托洛茨基领导下的布尔什维克领导的武装起义，建立了人类历史上第二个无产阶级政权（第一个是巴黎公社无产阶级政权）和由马克思主义政党领导的第一个社会主义国家——苏维埃俄国。革命推翻了以克伦斯基为领导的资产阶级俄国临时政府，为1918年—1920年俄国内战和1922年苏联成立奠定了基础。

使用价值

使用价值，是一切商品都具有的共同属性之一。任何物品要想成为商品都必须具有可供人类使用的价值；反之，毫无使用价值的物品是不会成为商品的，使用价值是物品的自然属性。马克思主义政治经济学认为，使用价值是由具体劳动创造的，并且具有质的不可比较性。比如，人们不能说橡胶和香蕉哪一个使用价值更高。使用价值是价值的物质基础，和价值一起，构成了商品二重性。

世界观

世界观，也叫宇宙观，是哲学的朴素形态。世界观是人们对整个世界的总的看法和根本观点。由于人们的社会地位不同，观察问题的角度也不同，就形成了不同的世界观。哲学是其理论表现形式。世界观的基本问题是精神和物质、思维和存在的关系问题，根据对这两者关系的不同回答，划分为两种根本对立的世界观基本类型，即唯心主义世界观和唯物主义世界观。

私有制

私有制，也叫所有制，是相对于公有制的经济制度，是在这种制度下进行的生产资料个人或集体的排他性占有。私有制是剥削社会（以奴隶社会、封建社会、资本主义、特权主义和专制社会为代表）的基本标志之一。

托拉斯

托拉斯，是较高级的垄断组织形式。指由许多生产同类商品或在生产上有密切关系的企业为了垄断某些商品的产销，从而获得高额利润而组成的大型垄断企业。可分为以金融控制为基础的托拉斯和以企业合并为基础的托拉斯。托拉斯在美国最为普遍，其作用覆盖整个采购、生产、销售过程。

唯物史观

唯物史观即历史唯物主义。

唯物主义

唯物主义即唯物论，是一种哲学理论，肯定世界的基本组成为物质，物质形式与过程是我们认识世界的主要途径，持着"只有事实上的物质才是真实存在的实体"这一种观点，并且被认为是物理主义的一种形式。该理论的基础是，所有的实体（和概念）都是物质的一种构成或者表达，并且，所有的现象（包括意识）都是物质相互作用的结果，在意识与物质之间，物质决定了意识，而意识则是客观世界在人脑中的生理反应，也就是有机物出于对物质的反应。因此，物质是唯一事实上存在的实体。作为对现实世界的一种解释，唯物主义是唯心主义和心灵主义的一个对立面。

唯物主义有机械唯物主义和辩证唯物主义的区别，机械唯物主义认为物质世界是由各个个体组成的，如同各种机械零件组成一个大机器，不会变化；辩证唯物主义认为物质世界永远处于运动与变化之中，是互相影响、互相关联的。机械唯物论的代表人物是费尔巴哈，辩证唯物论的代表人物是马克思、恩格斯和列宁。

唯心主义

唯心主义即唯心论，又译作理念论、观念论，是哲学中对思想、心灵、语言及事物等彼此之间关系的讨论及看法。唯心论秉持世界或现实如同精神或意识，都是根本的存在。唯心论直接相对于唯物论，后者认为世界的基本成分为物质，我们对世界的认识主要是通过物质，并将其视为一种物质形式与过程。唯心论同时也反对现实主义的哲学观，后者认为在人类的认知中，我们对物体的理解与感知，与物体独立于我们心灵之外的实际存在是一致的。

马克思主义哲学则认为唯心论是哲学上的两大基本派别之一，是与唯物论对立的理论体系。唯心论在哲学基本问题上主张精神、意识的第一性，物质的第二性，也就是说，唯心论主张物质依赖意识而存在，物质是意识的产物的哲学派别，并认为可以区分为主观唯心论和客观唯心论两种基本类型。

乌托邦

乌托邦，也称理想乡，无何有之乡（源于《庄子》），是一个理想的群体对社会的构想，名字由托马斯·摩尔的《乌托邦》

一书中所写的完全理想的共和国"乌托邦"而来。意指理想完美的境界，特别是用于表示法律、政府及社会情况。托马斯·摩尔在书中虚构了一个大西洋上的小岛，小岛上的国家拥有完美的社会、政治和法制体系。这个词用来被描述成一种被称为"意向社群"的理想社会和文学虚构的社会。

无产阶级

根据马克思主义理论，无产阶级一词指不拥有生产资本，单纯靠出卖劳动力获取收入的劳动者。马克思主义理论把无产阶级划分为普通无产阶级和下层无产阶级。在实际使用的含义中，近似地等同于近代以来出现的，主要受雇于资本家，依靠雇佣工资生活的工人群体。在马克思的理论中，无产阶级是被资产阶级通过剥削其生产价值和工资之间的差异（剩余价值）以获得利润的对象，因此，其大多在生存水平线上挣扎，教育相对落后（除非有极佳的社会福利），直到难以生存时，便容易铤而走险，当人数够多时，便会起身革命，尝试推翻现有政府及资本家。在社会主义社会，工人阶级已摆脱了被剥削、被压迫的地位，成为掌握国家政权的领导阶级。

小资产阶级

小资产阶级，指占有一定的生产资料或有少量财产的私有者，一般指不受他人剥削，也不剥削别人（或仅有轻微剥削），主要靠自己劳动为生的个体劳动者阶级。它在资本主义社会里是非基本的阶级，亦称为中间等级，主要包括农民、小手工业者、小商人、小业主等。作为劳动者，在思想上倾向于无产阶级；作为私有者，又倾向于资产阶级，极易受资产阶级思想的影响。因此，在反对封建主义的斗争中既具有革命性，同时也存在政治上的动摇性、斗争中的软弱性和革命的不彻底性。随着资本主义的发展，他们不断地向两极分化，大部分破产沦落为无产阶级或半无产阶级，小部分发财上升为资产阶级。

辛迪加

辛迪加，原意是"组合"、"联合"，是垄断组织的一种重要形式，属于低级垄断形式。辛迪加指同一生产部门的少数大企业为了获取高额利润，通过签订共同销售产品和采购原料的协定而建立的垄断组织。

形而上（学）

形而上出自《易经·系辞》，原文为"形而上者谓之道，形而下者谓之器"。用现代的思维讲，形而下就是指具体的器物（可以拓展到感性的事物），形而上就是指比较抽象的规律（包含做人做事的原则）。形而上是精神方面的宏观范畴，用抽象

（理性）思维，形而上者道理，起于学，行于理，止于道，故有形而上者谓之道；形而下是物质方面的微观范畴，用具体（感性）思维，形而下者器物，起于教，行于法，止于术，故有形而下者谓之器。

形而上学（metaphysics，意为"物理学之后"）是哲学术语，哲学史上指哲学中探究宇宙根本原理的部分。马克思认为形而上学是指与辩证法对立的，用孤立、静止、片面的观点观察世界的思维方式。黑格尔把形而上学作为与辩证法相对立的一种机械教条的研究方法来批判，因此，形而上学也可以被表述成为教条主义。

修正主义

"修正"一词的含义，来源于拉丁文，有"修改、重新审查"的意思。"修正主义"一词，是在共产主义运动中对马克思主义进行歪曲、篡改、否定的一类资产阶级思潮和政治势力，是国际工人运动中打着马克思主义旗号反对马克思主义的机会主义思潮。

英国工人宪章运动

宪章运动是1838年到1848年发生在英国的一场普通劳动者要求社会政治改革的群众运动，是世界三大工人运动之一。列宁称之为"世界上第一场大规模的劳动阶级运动"。宪章运动的目的是，工人们要求取得普选权，以便有机会参与国家的管理。"普选权问题是饭碗问题"，工人阶级希望通过政治变革来提高自己的经济地位。

纸币

纸币，又叫钞票，是指以柔软的物料（通常是特殊的纸张）印制成的特殊货币凭证，通常是由国家发行并强制使用的一种货币符号。纸币本身不具价值，虽然作为一种货币符号，但其不能直接行使价值尺度职能，而是由国家对其面值进行定义。纸币是当今世界各国普遍使用的货币形式，而世界上最早出现的纸币，是中国北宋时期四川成都的"交子"。中国是世界上使用纸币最早的国家。

资本

资本，在经济学意义上，指的是用于生产的基本生产要素，即资金、厂房、设备、材料等物质资源。在金融学和会计领域，资本通常用来代表金融财富，特别是用于经商、兴办企业的金融资产。广义上，资本也可作为人类创造物质和精神财富的各种社会经济资源的总称。

资本主义

资本主义，也被称为自由市场经济或自由企业经济，其特色是个人或是企业拥有资本财产，且投资活动是由个人决策左右，而非由国家所控制，一般并没有准确之定义，不同的经济学家也对资本主义有不同的定义。一般而言，资本主义指的是一种经济学或经济社会学的制度，在这样的制度下绝大部分的生产资料都归私人所有，并借着雇佣或劳动的手段以生产资料创造利润。在这种制度里，商品和服务借由货币在自由市场里流通。投资的决定由私人进行，生产和销售主要由公司和工商业控制并互相竞争，依照各自的利益采取行动。

资产阶级

资产阶级是指占有社会生产资料并使用雇佣劳动的现代资本家阶级，其本质是以生产资料为手段无偿占有雇佣工人的劳动，是现代社会中的主要剥削阶级。

宗派主义

宗派主义是指党内存在的一种以宗派利益为出发点的思想和行为，是封建宗派思想、资产阶级、小资产阶级思想在组织上的表现。主要表现为：在个人与党的关系上，把个人放在第一位，把党放在第二位，向党闹独立性；在组织上，任人唯亲，在同志中拉拉扯扯，把资产阶级的庸俗作风搬进党里来；在党内关系上，只强调局部利益，只要民主，不要集中，不遵守个人服从组织、少数服从多数、下级服从上级、全党服从中央的民主集中制原则，进行无原则的派别斗争；在和党外人士的关系上，妄自尊大，骄傲自满，不尊重人家，不学习人家的长处，不愿和人家合作等。

爱德华·伯恩施坦

爱德华·伯恩施坦（1850—1932），是德国社会民主党的著名活动家，他一生的理论和政治活动经历了不同阶段：小资产阶级激进民主主义者，马克思主义者，修正主义者。从1881年初担任党机关报《社会民主党人报》编辑到1895年恩格斯逝世，这15年是伯恩施坦的黄金时代。他是作为一位杜林主义者加入德国社会民主党的，以拉萨尔主义和杜林主义的眼光来看待马克思和马克思主义。在此期间，他在恩格斯的直接关怀和指导下，对于传播马克思主义、反对党内机会主义、揭露和批判统治阶级的反动政策等方面，对党内的建设做出了重大贡献，因此，他在党内和国际工人运动中赢得了很高的声誉。列宁也曾说，伯恩施坦当时是一个"革命的社会民主党人"。1895年8月恩格斯逝世后，伯恩施坦"修正"马克思主义基本原理的倾向开始公开显露出来。1896年至1898年，他在《新时代》上以《社会主义问题》为总题目发表的一组文章，成为他对马克思主义"传统解释"的最初"批判"，成为这一时期对马克思主义公开责难的代表，开启了德国社会民主党内关于什么是马克思主义、如何发展马克思主义的大争论。

爱尔维修

克洛德·阿德里安·爱尔维修（1715—1771），是18世纪法国唯物主义哲学家，法国启蒙思想家。他出生在巴黎一个宫廷医生的家庭，毕业于耶稣会办的专科学校，曾任总报税官。他考察了第三等级的贫困生活和封建贵族的糜烂生活，因而痛恨封建制度。后来，他辞去官职，专心著述，并和思想家狄德罗、霍尔巴赫等人参加了《百科全书》的编辑工作，对封建制度及教会进行了无情的揭露和批判。他的主要著作包括《论精神》和《论人的理智能力和教育》。

奥格斯特·倍倍尔

奥格斯特·倍倍尔（1840—1913），德国社会民主党的主要领导人之一，德国和国际工人运动活动家。1840年2月22日生于普鲁士，1913年8月13日卒于瑞士格尔桑斯。1865年8月结识李卜克内西，在其帮助下成长为社会主义者。1866年同李卜克内西创建萨克森人民党，加入第一国际。次年当选为德国工人协会联合会主席，并促使该会于1868年参加第一国际。1867年当选北德意志联邦议会议员，成为议会中第一个工人代表，坚决反对俾斯麦的

"铁血政策"，主张通过自下而上的革命统一德意志。他和李卜克内西于1869年8月共同创建德国社会民主工党（爱森纳赫派），并制定了党纲。

柏拉图

柏拉图（约前427—前347），古希腊伟大的哲学家，也是全部西方哲学乃至整个西方文化最伟大的哲学家和思想家之一。他和老师苏格拉底、学生亚里士多德并称为古希腊三大哲学家。柏拉图出身于雅典贵族家庭，青年时师从苏格拉底。苏格拉底死后，他游历四方，曾到埃及、北非、小亚细亚沿岸和意大利南部从事政治活动，企图实现他的贵族政治理想。公元前387年活动失败后，游历12年的柏拉图逃回雅典，在一所称为阿卡德米的体育馆附近建立了一所学园，此后执教40年，直至逝世。他一生著述颇丰，其教学思想主要集中在《理想国》和《法律篇》中。柏拉图是西方客观唯心主义的创始人，其哲学体系博大精深，对其教学思想影响尤甚。柏拉图认为世界由"理念世界"和"现象世界"所组成。理念的世界是真实的存在，永恒不变，而人类感官所接触到的这个现实的世界，只不过是理念世界的微弱的影子，它由现象所组成，而每种现象是因时空等因素而表现出暂时变动等特征。由此出发，柏拉图提出了一种理念论和回忆说的认识论，并将它作为其教学理论的哲学基础。

保尔·拉法格

保尔·拉法格（1842—1911），法国杰出的马克思主义理论家，法国工人党和第二国际创建人之一。拉法格反对新康德主义和哲学上的修正主义，捍卫和宣传辩证唯物主义和历史唯物主义，拉法格还批判了饶勒斯的修正主义哲学观点。

布鲁诺·鲍威尔

布鲁诺·鲍威尔（1809—1882），德国哲学家，青年黑格尔派代表之一。柏林大学毕业，曾在柏林大学、波恩大学任教，因发表《同观福音作者的福音史批判》而遭解聘，从此退隐。否认福音故事的可靠性以及耶稣其人的存在。将黑格尔的自我意识解释为同自然相脱离的绝对实在，并用它来代替黑格尔的"绝对观念"，宣称"自我意识"是最强大的历史创造力，马克思和恩格斯在《神圣家族》一书中对此予以严厉批判。主要著作还有《福音的批判及福音起源史》、《斐洛、施特劳斯、勒男与原始基督教》等。

陈独秀

陈独秀（1879—1942），安徽怀宁人，思想家、政治人物，中国共产党的主要创建者之一及首任总书记。中国新文化运动的发起人，中国文化启蒙运动的先驱，创办了著名白话文刊物《新青年》，也是五四运动的精神领袖，中国共产主义运动的先行者，中国共产党创始人和早期领导人之一。他于1927年7月被共产国际剥夺中共党内领导职务。1929年因为在中东路事件中反对当时中共提出的"武装保卫苏联"的口号，被开除党籍。之后，陈独秀思想开始向托洛茨基靠近，对斯大林进行了批判，并于1931年成立中国托派组织。

但丁

但丁·阿利吉耶里（1265—1321），意大利中世纪诗人，现代意大利语的奠基者，欧洲文艺复兴时代的开拓人物，以史诗《神曲》留名后世。但丁被认为是意大利最伟大的诗人，也是西方最杰出的诗人之一，全世界最伟大的作家之一。恩格斯评价说："封建的中世纪的终结和现代资本主义纪元的开端，是以一位大人物为标志的，这位人物就是意大利人但丁，他是中世纪的最后一位诗人，同时又是新时代的最初一位诗人。"

笛卡尔

勒内·笛卡尔（1596—1650），生于法国，逝世于瑞典斯德哥尔摩，是法国著名的哲学家、数学家、物理学家。他对现代数学的发展作出了重要的贡献，因将几何坐标体系公式化而被认为是解析几何之父。他还是西方现代哲学思想的奠基人，是近代唯物论的开拓者，并且提出了"普遍怀疑"的主张。他的哲学思想深深影响了之后的几代欧洲人，开拓了所谓的"欧陆理性主义"哲学。黑格尔称他为"现代哲学之父"。笛卡尔堪称17世纪欧洲哲学界和科学界最有影响的巨匠之一，被誉为"近代科学的始祖"。

恩格斯

弗里德里希·冯·恩格斯（1820—1895），德国思想家、哲学家、革命家，全世界无产阶级和劳动人民的伟大导师，马克思主义的创始人之一。恩格斯是卡尔·马克思的挚友，被誉为"第二提琴手"，他为马克思从事学术研究提供了大量经济上的支持。在马克思逝世后，将马克思的大量手稿、遗著整理出版，并且成为国际工人运动众望所归的领袖。

费尔巴哈

路德维希·安德列斯·费尔巴哈（1804—1872），德国哲学家。出生于拜恩州（巴伐利亚）下拜恩区的首府兰茨胡特，死于同一州的纽伦堡，他是德国法学家保罗·约翰·安塞姆里特·冯·费尔巴哈的第四个儿子。费尔巴哈对基督教的批判在社会上产生了很大影响，他的某些观点在德国教会和政府的斗争中被一些极端主义者接受。他对卡尔·马克思的影响也很大，虽然马克思并不赞同他观点中的机械论，马克思曾写过《费尔巴哈提纲》，批判他形而上学的唯物主义观点。费尔巴哈的主要著作有《黑格尔哲学批判》和《基督教的本质》等。

费希特

约翰·戈特利布·费希特（1762—1814），德国哲学家。尽管他是自康德的著作发展开来的德国唯心主义哲学的主要奠基人之一，但他在西方哲学史上的重要性往往被轻视了。费希特往往被认为是连接康德和黑格尔两人哲学间的过渡人物。近些年来，由于学者们注意到他对自我意识的深刻理解而重新认识到他的地位。和在他之前的笛卡尔和康德一样，对于主观性和意识的问题激发了他的许多哲学思考。费希特的一些观点也涉及了政治哲学，因此，他被一些人认为是德国国家主义之父。

弗洛伊德

西格蒙德·弗洛伊德（1856—1939），犹太人，奥地利精神病医生及精神分析学家，精神分析学派的创始人，此学派被称为"维也纳第一精神分析学派"，以区别于后来由此演变出的第二及第三学派。著有《性学三论》、《梦的解析》、《图腾与禁忌》、《日常生活的心理病理学》、《精神分析引论》、《精神分析引论新编》等。提出"潜意识"、"自我"、"本我"、"超我"、"俄狄浦斯情结"、"性冲动"、"心理防卫机制"等概念。其成就对哲学、心理学、美学，甚至社会学、文学等都有深刻的影响，被世人誉为"精神分析之父"。但他的理论诞生至今，却一直饱受争议。

伏尔泰

伏尔泰（1694—1778），原名弗朗索瓦·马利·阿鲁埃，伏尔泰是他的笔名。法国启蒙时代思想家、哲学家、文学家，启蒙运动公认的领袖和导师。伏尔泰是18世纪法国资产阶级启蒙运动的旗手，被誉为"法兰西思想之王"、"法兰西最优秀的诗人"、"欧洲的良心"。他不仅在哲学上有卓越成就，也以捍卫公民自由，特别是信仰自由和司法公正而闻名。尽管在他所处的时代，审查制度十分严厉，伏尔泰仍然公开支持社会改革。他的论说以讽刺见长，常常抨击天主教教会的教条和当时的法国教育制度。伏尔泰的著作和思想与托马斯·霍布斯及约翰·洛克一道，对美国革命和法国大革命的主要思想家都有影响。

傅立叶

夏尔·傅立叶（1772—1837），法国著名哲学家，经济学家，空想社会主义者。出身于商人家庭的傅立叶批评当时资本主义社会的一些丑恶现象，希望建立一种以法伦斯泰尔为基层组织的社会主义社会，在这里个人利益和集体利益是一致的。他还揭露资本主义的罪恶，主张建立一个社会主义社会，但他幻想通过宣传和教育来实现这一目的。他还强调妇女解放，提出妇女解放的程度是人民是否彻底解放的准绳。

海德格尔

马丁·海德格尔（1889—1976），德国哲学家，20世纪存在主义哲学的创始人和主要代表之一。出生于德国西南巴登邦弗赖堡附近的梅斯基尔希的天主教家庭，逝于德国梅斯基尔希。他在现象学、存在主义、解构主义、诠释学、后现代主义、政治理论、心理学及神学领域都有举足轻重的影响。此外，他还著有《存在与时间》一书，本书深深影响了20世纪哲学，尤其是存在主义、解释学和解构主义。

黑格尔

格奥尔格·威廉·弗里德里希·黑格尔（1770—1831），德国哲学家，出生于德国西南部巴登–符腾堡州首府斯图加特。18岁时，他进入蒂宾根大学学习，在那里，他与荷尔德林、谢林成为朋友，同时，为斯宾诺莎、康德、卢梭等人的著作和法国大革命深深吸引。许多人认为，黑格尔的思想，象征着19世纪德国唯心主义哲学运动的顶峰，对后世哲学流派，如存在主义和马克思的历史唯物主义都产生了深远的影响。更有甚者，由于黑格尔的政治思想兼具自由主义与保守主义两者之要义，因此，对于那些因看到自由主义在承认个人需求、体现人的基本价值方面的无能为力，而觉得自由主义正面临挑战的人来说，他的哲学无疑是为自由主义提供了一条新的出路。1807年，黑格尔出版了第一部作品《精神现象学》。《精神现象学》是一段伟大的概念旅程，带领我们从最基本的人类意识概念，走向最包罗万象而复杂的人类意识概念。

霍布斯

托马斯·霍布斯（1588—1679），英国的政治哲学家，创立了机械唯物主义的完整体系，认为宇宙是所有机械地运动着的广延物体的总和。他提出"自然状态"和国家起源说，认为国家是人们为了遵守"自然法"而订立契约所形成的，是一部人造的机器人，当君主可以履行该契约所约定的保证人民安全的职责时，人民应该对君主完全忠诚。他于1651年出版的《利维坦》一书，为之后所有的西方政治哲学发展奠定了根基。霍布斯的思想对其后的约翰·洛克、孟德斯鸠和让·雅克·卢梭有深刻影响，但同时他的社会契约理论与绝对君主思想又有其独特性。

基佐

弗朗索瓦·皮埃尔·吉尧姆·基佐（1787—1874），法国政治家、历史学家，他在1847年到1848年间任法国首相，是法国第二十二位首相。他是保守派人士，在任期间，他未能留心民间的疾苦，对内主张实行自由放任政策；对外则主张成立法比关税同盟，以对抗当时的德意志关税同盟，但这些措施均引起国内和国外的不满。1848年的二月革命，路易·菲利普的七月王朝被推翻，基佐也因而下台。他著有《英国革命史》、《欧洲文明史》、《法国文明史》等著作。

康德

伊曼努尔·康德（1724—1804），德国哲学家、天文学家，是星云假说的创立者之一、德国古典哲学的创始人、唯心主义者、不可知论者，德国古典美学的奠定者。他被认为是现代欧洲最具影响力的思想家之一，也是启蒙运动最后一位主要哲学家。康德哲学理论的一个基本出发点是认为将经验转化为知识的理性是人与生俱来的，没有先天的范畴我们就无法理解世界。他的这个理论结合了英国经验主义与欧陆的理性主义，对德国唯心主义与浪漫主义影响深远。

康德的一生可以以1770年为标志分为前期和后期两个阶段，前期主要研究自然科学，后期则主要研究哲学。前期的主要成果有1755年发表的《自然通史和天体论》，其中提出了太阳系起源的星云假说。在后期，从1781年开始的9年里，康德出版了一系列涉及领域广阔、有独创性的伟大著作，给当时的哲学思想带来了一场革命，它们包括《纯粹理性批判》（1781年）、《实践理性批判》（1788年）和《判断力批判》（1790年）。"三大批判"的出版标志着康德哲学体系的完成。三大批判分别探讨了认识论、伦理学以及美学。

政治上，康德是一名自由主义者，他支持法国大革命以及共和政体，在1795年他还出版过《论永久和平》一书，提出议制政府与世界联邦的构想。其生前最后一本有代表性的著作是《人类学》（1798年），一般认为该书是对整个学说的概括和总结。康德晚年已经以一名出色的哲学家闻名于世，他去世后，人们为他举行了隆重的葬礼。

孔德

奥古斯特·孔德（1798—1857）是法国著名的哲学家，社会学、实证主义的创始人。1817年8月，他成为著名的乌托邦社会主义者圣西门的秘书。1830年，《实证主义教程》第一卷出版，稍后其他各卷（共四卷）陆续出版。1842年出版的第四卷中，正式提出"社会学"这一名称，并建立起社会学的框架和构想。1844年孔德遇到对其理论发生重大影响的德克洛蒂尔德·德沃。受德沃影响，孔德创立"人道教"，并成立了具有宗教色彩的"实证主义学会"。整个19世纪，值得一提的法国社会学家屈指可数，但作为实证主义的创始人，奥古斯特·孔德被称为社会学之父当之无愧。他创立的实证主义学说是西方哲学由近代转入现代的重要标志之一。

李大钊

李大钊（1889—1927），字守常，河北乐亭人，中国共产党主要创立人之一，中国最早的马克思主义者和共产主义者之一，是中国国民党第一届中央执行委员会委员之一，也是在北伐时期推翻北洋军阀政府的要员之一，同时是共产国际的成员及其在中国的代理人。1927年被捕后遭张作霖处决。李大钊在中国共产主义运动和民族解放事业中，占有崇高的历史地位。

列宁

列宁（1870—1924），原名弗拉基米尔·伊里奇·乌里扬诺夫，列宁是他的笔名。列宁是无产阶级革命家、政治家、思想家、理论家，布尔什维克党创立者、苏联缔造者，任苏联人民委员会主席。他继承和发展了马克思主义，形成了列宁主义理论。他被全世界共产主义者广泛认同为"全世界无产阶级和劳动人民的伟大革命导师和领袖"，也被世人认为是20世纪最伟大的人物之一。俄罗斯国家电视台2008年进行了一项关于国内最伟大历史人物的网上民意调查评选活动，经过统计，列宁位列第六，位于亚历山大·涅夫斯基、斯托雷平、斯大林、普希金、彼得大帝之后。

卢梭

让·雅克·卢梭（1712—1778），启蒙时代瑞士裔的法国思想家、哲学家、政治理论家和作曲家，是18世纪法国大革命的思想先驱，启蒙运动最卓越的代表人物之一。其论文《科学和艺术的进步对改良风俗是否有益》及《论人类不平等的起源与基础》确定了他在哲学史上的地位；他的《社会契约论》的人民主权及民主政治哲学思想深刻影响了启蒙运动、法国大革命和现代政治、哲学和教育思想。此外，他还著有《爱弥儿》、《忏悔录》、《新爱洛伊斯》、《植物学通信》等著作。

罗莎·卢森堡

罗莎·卢森堡（1871—1919），国际共产主义运动史上杰出的马克思主义思想家、理论家、革命家，德国社会民主党和第二国际左派领袖，被列宁誉为"革命之鹰"。在反对资本主义、修正主义和帝国主义世界大战的暴风骤雨中，始终英勇斗争，不畏强暴，展现了高度的革命乐观主义精神。1871年3月5日，出生于俄国占领下的波兰扎莫希奇的一个犹太人家庭，她原是波兰立陶宛王国社会民主党理论家。1898年移居德国柏林，并加入德国社会民主党，是党内的社会民主理论家。1914年，当德国社会民主党宣布支持德国参与第一次世界大战时，她和卡尔·李卜克内西合作成立马克思主义革命团体"斯巴达克同盟"，与社民党内以艾伯特为代表的右倾势力斗争。该组织于1919年1月1日转为德国共产党。1918年11月，在德国革命期间，她创办了《红旗报》，作为左翼的中央机构。1915年—1918年间被多次关押。罗莎·卢森堡起草了德国共产党党纲。她认为1919年1月柏林的斯巴达克起义是一个错误，但起义开始后她还是加以支持。当起义被自由军团镇压时，卢森堡、李卜克内西与其他数百位支持者被逮捕，遭到严刑拷打并被杀害。

洛克

约翰·洛克（1632—1704），英国哲学家，经验主义的开创人，同时也是第一个全面阐述宪政民主思想的人，在哲学以及政治领域都有重要影响。洛克的第一本主要著作是《论宽容》，而洛克最知名的两本著作则分别是《人类理解论》和《政府论》。洛克的思想对于后代政治哲学的发展产生了巨大影响，并且被广泛视为是启蒙时代最具影响力的思想家和自由主义者。他的著作也大大影响了伏尔泰和卢梭，以及许多苏格兰启蒙运动的思想家和美国开国元勋。他的理论被反映在美国的《独立宣言》上。洛克的精神哲学理论通常被视为是现代主义中"本体"以及自我理论的奠基者，也影响了后来大卫·休谟、让·雅克·卢梭与伊曼努尔·康德等人的著作。洛克是第一个以连续的"意识"来定义自我概念的哲学家，他也提出了心灵是一块"白板"的假设。与笛卡尔和基督教哲学不同的是，洛克认为人生下来是不带有任何记忆和思想的。

马丁·路德

马丁·路德（1483—1546），宗教改革运动的发起人。他本来是罗马公教奥斯定会的会士、神学家和神学教授。为了坚决抗议罗马天主教会，他发动了一场宗教改革运动。他的改革终止了中世纪罗马公教教会在欧洲的独一地位。他翻译的路德圣经迄今为止仍是最重要的德语圣经译作。2005年11月28日，德国电视二台投票评选最伟大的德国人，路德名列第二位，仅次于康拉德·阿登纳。

马克思

卡尔·亨利希·马克思（1818—1883），马克思主义的创始人，第一国际的组织者和领导者，全世界无产阶级和劳动人民的伟大导师、政治家、哲学家、经济学家、革命理论家。主要著作有《资本论》、《共产党宣言》。他是无产阶级的精神领袖，是当代共产主义运动的先驱，支持他理论的人被视为马克思主义者。马克思最广为人知的哲学理论是他对于人类历史进程中阶级斗争的分析。他认为几千年以来，人类发展史上最大的矛盾与问题就在于不同阶级之间的利益掠夺。依据历史唯物论，马克思曾大胆地假设，资本主义终将被共产主义所取代。

毛泽东

毛泽东（1893—1976），字润之（原作咏芝，后改润芝），笔名子任，湖南湘潭人。中国革命家、战略家、理论家、诗人，中国共产党、中国人民解放军和中华人民共和国的主要缔造者和领袖，毛泽东思想的主要创立者。从1949年到1976年，毛泽东是中华人民共和国的最高领导人。他对马克思列宁主义的发展、军事理论的贡献以及对共产党的理论贡献被称为毛泽东思想。毛泽东担任过的主要职务几乎全部称为"主席"，所以被尊称为"毛主席"。毛泽东被视为现代世界历史中最重要的人物之一，《时代》杂志将他评为20世纪最具影响的100人之一。

孟德斯鸠

查理·路易·孟德斯鸠（1689—1755），法国启蒙思想家，社会学家，是西方国家学说和法学理论的奠基人。1748年他出版了《论法的精神》，全面分析了三权分立的原则。伏尔泰夸赞这本篇幅巨大、包罗万象的著作是"理性和自由的法典"。

尼采

　　弗里德里希·威廉·尼采（1844—1900），德国著名哲学家，西方现代哲学的开创者，同时也是卓越的诗人和散文家，他的著作对于宗教、道德、现代文化、哲学，以及科学等领域提出了广泛的批判和讨论。他的写作风格独特，经常使用格言和悖论的技巧。尼采对于后代哲学的发展影响极大，尤其是在存在主义与后现代主义上。他最早开始批判西方现代社会，然而他的学说在他的时代却没有引起人们的重视，直到20世纪，才激起深远的调门各异的回声。后来的生命哲学、存在主义、弗洛伊德主义、后现代主义，都以各自的形式回应尼采的哲学思想。尼采著有《悲剧的诞生》、《查拉图斯特拉如是说》、《偶像的黄昏》等著作。

欧文

　　罗伯特·欧文（1771—1858），英国乌托邦社会主义者，也是一位企业家、慈善家。欧文在历史上第一次揭示了无产阶级贫困的原因，并从生产力的角度提出公有制与大生产的紧密关系，他晚年还提出过共产主义主张。他最著名的著作为《新社会观》、《新道德世界书》。罗伯特·欧文是历史上第一个创立学前教育机关（托儿所、幼儿园）的教育理论家和实践者。教育与生产劳动相结合，是欧文对人类教育理论宝库的一大贡献。他认为，要培养智育、德育、体育全面发展的一代新人，必须把教育与生产劳动结合起来。

培根

弗朗西斯·培根（1561—1626），英国哲学家、思想家、作家和科学家，是古典经验论的始祖。他不但在文学、哲学上多有建树，在自然科学领域里，也取得了重大成就。培根是一位经历了诸多磨难的贵族子弟，复杂多变的生活经历丰富了他的阅历，随之而来的是他的思想成熟，言论深邃，富含哲理。他是一位理性主义者而不是迷信的崇拜者，是一位经验论者而不是诡辩学者；在政治上，他是一位现实主义者而不是理论家。他在逻辑学、美学、教育学方面也提出许多思想。他著有《新工具》、《论说随笔文集》等著作，此外，他还有许多名言为众人所知，"知识就是力量"就是其中最著名的一句名言。

普列汉诺夫

格奥尔格·瓦连廷诺维奇·普列汉诺夫（1856—1918），俄国马克思主义先驱，俄国社会民主工党总委员会主席。他早年是民粹主义者，在1883年后的20年间是俄国马克思主义政党的创始人和领袖之一，是最早在俄国和欧洲传播马克思主义的思想家，也是俄国和国际工人运动的著名活动家，十分受列宁尊敬。

普罗泰戈拉

普罗泰戈拉（约公元前490—约公元前420），公元前5世纪希腊哲学家，智者派的主要代表人物。他出生在阿布德拉城，多次来到当时希腊奴隶主民主制的中心雅典，与民主派政治家伯里克利结为挚友，，曾为意大利南部的雅典殖民地图里城制定过法典。一生旅居各地，收徒传授修辞和论辩知识，是当时最受人尊敬的"智者"。普罗泰戈拉留传下来的最主要的哲学名言就是在《论真理》中说的，"人是万物的尺度，存在时万物存在，不存在时万物不存在。"

塞利格曼

马丁·塞利格曼（1942—），美国心理学家，主要从事习得性无助、抑郁、乐观主义、悲观主义等方面的研究。曾获美国应用与预防心理学会的荣誉奖章，并由于他在精神病理学方面的研究而获得该学会的终身成就奖。1998年当选为美国心理学会主席。

圣西门

克劳德·昂列·圣西门（1760—1825），法国哲学家、经济学家、社会改革家、空想社会主义者。与实证主义创始人奥古斯特·孔德相熟，曾聘其为秘书。圣西门出身贵族，曾参加法国大革命，还参加过北美独立战争。他抨击资本主义社会，致力于设计一种新的社会制度，并花掉了他的全部家产。在他所设想的社会中，人人劳动，没有不劳而获，没有剥削，没有压迫。圣西门一生写了许多著作，但直到1825年4月发表的《新基督教》这部圣西门最后的著作，才标志着他创建的空想社会主义大厦的完成。

叔本华

亚瑟·叔本华（1788—1860），德国著名哲学家，他继承了康德对于现象和物自体之间的区分。不同于他同代的费希特、谢林、黑格尔等取消物自体的做法，他坚持物自体，并认为它可以通过直观而被认识，将其确定为意志。意志独立于时间、空间，所有理性、知识都从属于它，人们只有在审美的沉思时才能逃离其中。叔本华将他著名的极端悲观主义和此学说联系在一起，认为意志的支配最终只能导致虚无和痛苦。他对心灵屈从于器官、欲望和冲动的压抑、扭曲的理解预言了精神分析学和心理学。他的代表著作有《作为意志和表象的世界》等。

斯大林

约瑟夫·维萨里奥诺维奇·斯大林（1879—1953），苏联共产党中央总书记、苏联部长会议主席、苏联大元帅，是苏联执政时间最长（1924—1953）的最高领导人，在任期间，全力进行社会主义工业化和农业集体化，使苏联成为重工业和军事大国，但同时也导致了乌克兰大饥荒。斯大林树立对自己的个人崇拜，实施大清洗,并对车臣等少数族裔进行压迫流放,严重破坏了民主和法制。第二次世界大战中领导苏联红军,与盟军协力击败轴心国,苏联领土也有了很大的扩张。战后他扶植了社会主义阵营,在冷战中与以美国为首的北约对峙。1953年3月5日因脑溢血去世。2008年,俄罗斯国家电视台举行了一次"最伟大的俄罗斯人"的评选活动,斯大林高居第三(四至六位分别是普希金、彼得大帝、列宁),仅次于亚历山大·涅夫斯基和斯托雷平。

苏格拉底

苏格拉底(公元前469—公元前399),古希腊著名的思想家、哲学家、教育家,他和他的学生柏拉图,以及柏拉图的学生亚里士多德被并称为"古希腊三贤",更被后人广泛认为是西方哲学的奠基者。身为雅典的公民,据记载,苏格拉底最后被雅典法庭以引进新的神和腐蚀雅典青年思想之罪名判处死刑。尽管他曾获得逃亡雅典的机会,但苏格拉底仍选择饮下毒堇汁而死,因为他认为逃亡只会进一步破坏雅典法律的权威,同时也是因为担心他逃亡后雅典将再没有好的导师可以教育人们了。

孙中山

孙中山,本名孙文,谱名德明,字载之,号日新,又号逸仙,幼名帝象。中国近代民主主义革命先驱,中华民国和中国国民党创始人，三民主义的倡导者。首举彻底反封建的旗帜，"起共和而终帝制"。1905年成立中国同盟会。1911年辛亥革命后被推举为中华民国临时大总统。1929年6月1日，根据其生前遗愿，陵墓永久迁葬于南京钟山中山陵。1940年，国民政府通令全国，尊称其为"中华民国国父"。他是一位在海峡两岸都受到敬重的革命家，中华民国尊其为国父，中国国民党尊其为总理，毛泽东和中国共产党称孙中山为"中国近代民主革命的伟大先行者"。

维柯

乔瓦尼·巴蒂斯塔·维柯（1668—1744）是一名意大利政治哲学家、修辞学家、历史学家和法理学家。他为古老风俗辩护，批判了现代理性主义，并以巨著《新科学》闻名于世。

谢林

弗里德里希·威廉·约瑟夫·冯·谢林（1775—1854），德国哲学家。谢林是德国唯心主义发展中期的主要人物，处在费希特和黑格尔之间。谢林的自然哲学受到了浪漫派大诗人歌德的欣赏，也得到了德国自然科学的欢迎。

亚当·斯密

亚当·斯密（1723—1790），苏格兰哲学家和经济学家，是经济学的主要创立者。他所著的《国富论》成为了第一本试图阐述欧洲产业和商业发展历史的著作。这本书发展出了现代的经济学学科，也提供了现代自由贸易、资本主义和自由意志主义的理论基础。

亚里士多德

亚里士多德（公元前384—公元前322），古希腊斯吉塔拉人，世界古代史上最伟大的哲学家、科学家和教育家之一。是柏拉图的学生，亚历山大大帝的老师。公元前335年，他在雅典办了一所叫吕克昂的学校，被称为逍遥学派。马克思曾称亚里士多德是古希腊哲学家中最博学的人物，恩格斯称他是古代的黑格尔。作为一位最伟大的、百科全书式的科学家，亚里士多德对世界的贡献无人可比。他对哲学的几乎每个学科都作出了贡献。他的写作涉及伦理学、形而上学、心理学、经济学、神学、政治学、修辞学、自然科学、教育学、诗歌、风俗，以及雅典宪法。

伊壁鸠鲁

伊壁鸠鲁（公元前341—公元前270），古希腊哲学家、无神论者，伊壁鸠鲁学派的创始人。伊壁鸠鲁成功地发展了阿瑞斯提普斯的享乐主义，并将之与德谟克利特的原子论结合起来。他的学说的主要宗旨就是要达到不受干扰的宁静状态。

伊壁鸠鲁的学说和苏格拉底及柏拉图最大的不同在于，前者强调远离责任和社会活动。伊壁鸠鲁认为，最大的善来自快乐，没有快乐就没有善。快乐包括肉体上的快乐，也包括精神上的快乐。伊壁鸠鲁区分了积极的快乐和消极的快乐，并认为消极的快乐拥有优先的地位，它是"一种厌足状态中的麻醉般的狂喜"。同时，伊壁鸠鲁强调，在我们考量一个行动是否有趣时，我们必须同时考虑它带来的副作用。在追求短暂快乐的同时，也必须考虑是否可能获得更大、更持久、更强烈的快乐。他还强调，肉体的快乐大部分是强加于我们的，而精神的快乐则可以被我们所支配，因此交朋友、欣赏艺术等也是一种乐趣。

伊壁鸠鲁悖论是其著名遗产之一。伊壁鸠鲁也同意德谟克利特的有关"灵魂原子"的说法，认为人死后，灵魂原子离肉体而去，四处飞散，因此人死后并没有生命。他说："死亡和我们没有关系，因为只要我们存在一天，死亡就不会来临，而死亡来临时，我们也不再存在了。"伊壁鸠鲁认为对死亡的恐惧是非理性的，因为对自身死亡的认识是对死亡本身的无知。

《1844年经济学哲学手稿》

《1844年经济学哲学手稿》是卡尔·马克思在年轻时代为了总结自己的思想和弄清思考的问题而写的一个未完成的手稿，由三个部分组成，这是一部研究政治经济学和哲学的著作。该手稿中，马克思根据当时情况，对一系列德国的古典哲学（包括黑格尔的辩证法、费尔巴哈的唯物论)、英国的古典政治经济学(亚当·斯密)以及法国的空想社会主义进行批判性整合。该手稿可以反映出马克思已经完全脱离了黑格尔的理论。

《德法年鉴》

《德法年鉴》是德国"第一个社会主义的刊物"。1844年2月底只在巴黎用德文出版了1—2期合刊号,主编是阿·卢格和马克思。由于当时卢格患病,这一期合刊主要是由马克思编辑的。这期合刊包括卢格写的《德法年鉴》计划、杂志撰稿人之间的8封通信、马克思的著作《〈黑格尔法哲学批判〉导言》和《论犹太人问题》、恩格斯的著作《政治经济学批判大纲》和《英国状况》,以及其他人写的三篇文章、两首诗、一份官方判决书和编后记《刊物的展望》。马克思和恩格斯在《德法年鉴》上发表的文章表明,他们最终完成了从革命民主主义向共产主义的转变。

《德意志意识形态》

《德意志意识形态》是一本哲学巨著文本,于1845年由马克思和恩格斯合著,于1932年在莫斯科出版。在1847年,《德意志意识形态》的部分内容在《威斯特伐里亚汽船》杂志8月和9月号发表过。本书第一次系统阐述了历史唯物主义的基本原理,如社会存在决定社会意识、生产方式在社会生活中起决定作用、生产关系必须适合生产力的发展等，标志着马克思主义哲学的成熟。此外，本书还批判地分析了当时的费尔巴哈、鲍威尔及施蒂纳的唯心主义历史观，批判了真正的社会主义或德国社会主义的各种代表哲学观点，表达了对科学社会主义的认识。

《共产党宣言》

《共产党宣言》是无产阶级革命导师马克思、恩格斯受"共产主义者同盟"1847年12月伦敦第二次代表大会的委托，于1847年11月—1848年1月间共同撰写的关于科学共产主义的第一个纲领性文献。它是国际共产主义运动的第一个纲领性文献，是一部划时代的光辉文献。《共产党宣言》以辩证唯物主义与历史唯物主义为理论基础，以阶级斗争为线索，解剖了资本主义制度，阐明了资本主义的发生、发展和必然灭亡的客观规律；阐明了无产阶级作为资本主义掘墓人和共产主义创建者的伟大历史使命；论证了无产阶级革命和无产阶级专政是无产阶级获得解放的唯一道路；批判了打着社会主义招牌的同科学共产主义相对立的各种流派的所谓理论；奠定了无产阶级政党的学说，并确立了党的战略、策略、原则。

《关于费尔巴哈的提纲》

《关于费尔巴哈的提纲》写于1845年春，马克思生前未发表过。最早发表于1888年，恩格斯在《路德维希·费尔巴哈和德国古典哲学的终结》的序言中称这个文件为"关于费尔巴哈的提纲"，并作为该书的附录首次发表。它被恩格斯称为"包含着新世界观的天才萌芽的第一个文件"，"历史唯物主义的起源"。《关于费尔巴哈的提纲》和《德意志意识形态》一起被公认为是马克思主义哲学，特别是唯物史观创立的基本标志。

《火星报》

《火星报》是由俄国社会民主工党的人士在德国所创办的一份政治性的报纸，系俄国社会民主工党中央机关报，第一个全俄政治报。1900年12月24日，由列宁、普列汉诺夫创办于德国莱比锡。《火星报》的座右铭是星火燎原，该句出于弗拉基米尔·奥多耶夫斯基对普希金的诗《致西伯利亚的囚徒》的回复；另外东干族亦曾有份以东干语撰写的《东方火星报》。《火星报》于1900年12月在德国首次发行，不久后即迁往德国慕尼黑进行出版，1902年4月移至英国伦敦出版，1903年之后移至瑞士日内瓦继续出版。该报为党制订了纲领草案，并筹备了党的第二次全国代表大会。1903年，该报发生分裂。以列宁为首的多数派退出了编辑部后，《火星报》便成为孟什维克派的喉舌，最后，《火星报》在1905年停刊，一共发行了112期，其中列宁参与编辑的前51期又被称为"旧火星报"，52期以后的部分则被称为"新火星报"。

《莱茵报》

《莱茵报》，《莱茵政治、商业和工业日报》的简称，"德国现代期刊的先声"（恩格斯语，《马克思恩格斯选集》第1卷第514页）。

《路德维希·费尔巴哈和德国古典哲学的终结》

《路德维希·费尔巴哈和德国古典哲学的终结》是恩格斯为论述马克思主义哲学同德国古典哲学的关系，阐明马克思主义哲学基本原理而写的一部重要的哲学著作。写于1886年，同年发表在德国社会民主党理论杂志《新时代》的第4—5期上。1888年出版单行本。20世纪20年代末30年代初传入中国，曾出版过林超真、彭嘉生、张仲实等人的6种译本。这本著作全面论述了马克思主义哲学和黑格尔、费尔巴哈哲学之间的批判继承关系，系统阐述了辩证唯物主义和历史唯物主义的基本原理，具体说明了马克思主义哲学产生的理论来源和自然科学基础，深刻分析了马克思主义哲学在哲学领域中革命变革的实质。

《人权宣言》

《人权宣言》，1789年8月26日颁布，是在法国大革命时期颁布的纲领性文件。《人权宣言》以美国的《独立宣言》为蓝本，采用18世纪的启蒙学说和自然权论，宣布自由、财产、安全和反抗压迫是天赋不可剥夺的人权，肯定了言论、信仰、著作和出版自由，阐明了司法、行政、立法三权分立，法律面前人人平等，私有财产神圣不可侵犯等原则。

《真理报》

《真理报》是1918年至1991年间苏联共产党中央委员会的机关报。《真理报》在1991年被时任俄罗斯联邦总统的叶利钦下令关闭，但同名的报纸不久后又开始发行。原《真理报》的大部分职员于1999年加入了新创建的网络媒体"真理报在线"。"真理报在线"目前是访问人数最多的俄罗斯新闻网站，它与俄罗斯国内正在发行的《真理报》没有任何关系。俄罗斯国内还有多份同名的报纸一直在发行。原《真理报》在西方乃至全世界都以其政治色彩而著称。

《政治经济学批判大纲》

《政治经济学批判大纲》是恩格斯的第一篇经济学著作。写于1843年底至1844年1月，1844年2月发表在《德法年鉴》上。中译本收入人民出版社1956年出版的《马克思恩格斯全集》第1卷。研究了资本主义社会经济制度和资产阶级政治经济学的基本范畴，论述了消灭私有制的必要性，对社会主义革命作了初步论证，是马克思主义发展史上第一篇经济学著作。

《资本论》

　　《资本论》是马克思的著作，以唯物史观的基本思想为指导，通过深刻分析资本主义生产方式，揭示了资本主义社会发展的规律，同时也使唯物史观得到了科学的验证和进一步的丰富发展。《资本论》运用唯物史观的观点和方法，将社会关系归结为生产关系，将生产关系归结于生产力的高度，从而证明了社会形态的发展是一个不以人的意志为转移的自然历史过程。

《自然辩证法》

　　《自然辩证法》是德国哲学家弗里德里希·恩格斯一部尚未完成的著作，是恩格斯多年来对自然科学研究的总结。对19世纪中期的主要自然科学成就用辩证唯物主义的方法进行了概括，并批判了自然科学中的形而上学和唯心主义的观念。在恩格斯去世后，1896年发表了其中一篇论文《劳动在从猿到人转变过程中的作用》，1898年发表了其中另一篇论文《神灵世界中的自然科学》，直到1925年才在前苏联出版的德文和俄文译本对照的《马克思恩格斯文库》中全文发表。